DE VOLTAIRE

PRIX

DE LA JUSTICE

ET DE

L'HUMANITÉ,

PAR

L'AUTEUR DE LA HENRIADE

Avec son Portrait.

A FERNEY,

M. DCC. LXXVIII.

TABLE

DES ARTICLES CONTENU

DANS CE VOLUME.

PRIX

PRIX
DE LA JUSTICE
ET DE
L'HUMANITÉ.

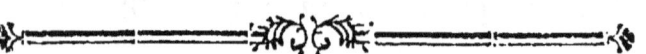

Gazette de Berne, numero XIV,
15ᶜ *Février* 1777.
DE BERNE, 13ᶜ *Février.*

UN ami de l'humanité (*), qui content
de faire le bien veut se soustraire à la

(*) Il ne faut pas entendre ici par humanité *humanum genus*, la nature humaine, le genre humain. *Homo sum humani nihil à me alienum puto*, car on ne

reconnaissance publique en cachant son nom ;
touché des inconvénients qui naissent de l'im-
perfection des loix criminelles de la plûpart
des états de l'europe, a fait parvenir à la Société économique de cette ville, un prix de
cinquante louis d'or neufs en faveur du Mémoire que la Société jugera le meilleur sur
l'objet qui suit.

Composer & rédiger un plan complet &
détaillé de légiflation sur les matiéres criminelles sous ce triple point de vue.

1°. Des crimes & des peines proportionnées
qu'il convient de leur appliquer.

2°. De la nature & de la force des preuves
& des préfomptions.

3°. De la maniere de les acquérir par la
voie de la procédure criminelle, enforte que
la douceur de l'inftruction & des peines foit
conciliée avec la certitude d'un châtiment
prompt & exemplaire, & que la fociété civile
trouve la plus grande fûreté poffible pour la
liberté & l'humanité.

---

donne pas un prix au genre humain, à la nature
humaine, mais à l'ame la plus humaine, la plus fenfible, qui aura joint le plus de juftice à cette vertu.
Voyez le dictionaire de l'Académie françaife.

Les piéces de concours doivent être adreſ-ſées franco à Mr. le Docteur Tribolet, ſecré-taire perpétuel de la Société, & ſeront reçues juſqu'au 1er. Juillet 1779.

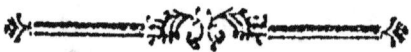

Un autre inconnu touché du même zéle, ajoute cinquante louis d'or au prix propoſé, & les fait dépoſer dans les mêmes mains, afin que la Société puiſſe à ſon gré augmenter 'prix ou donner des *acceſſit*.

Nous préſentons à ceux qui travailleront, nos doutes ſur un ſujet ſi impor·ant, afin qu'ils les réſolvent s'ils les en jugent dignes.

ARTICLE I.

Des crimes , & des châtimens pro-
portionnés.

Es loix ne peuvent que se ressentir de la
foiblesse des hommes qui les ont faites.
Elles sont variables comme eux.

Quelques-unes ont été dictées chez les grandes nations par les puissants pour écraser les
foibles. Elles ont été si équivoques que mille
interprêtes se sont empressés de les commenter ;
& comme la plupart n'ont fait leur glose que
comme on fait un métier , pour gagner quelque argent , ils ont rendu le commentaire plus
obscur que le texte. La loi est devenue un
poignard à deux tranchants qui égorge également l'innocent & le coupable. Ainsi ce qui
devait être la sauve garde des nations , en est
si souvent devenu le fléau , qu'on est parvenu
à douter si la meilleure des législations ne serait pas de n'en point avoir.

En effet, si on vous fait un procès dont
dépend votre vie , qu'on mette d'un côté les
compilations des Bartoles , des Cujas &c. que

de l'autre on vous préfente vingt juges peu
favants, mais qu'ils foient des vieillards
exempts des paffions qui corrompent le cœur,
au deffus du befoin qui l'avilit, & accoutu-
més aux affaires dont l'habitude rend prefque toujours le fens droit ; dites-moi par qui
vous choifiriez d'être jugé, ou par cette foule
de babillards orgueilleux, auffi intéreffés
qu'inintelligibles, ou par ces vingt ignorants
refpectables ?

Après avoir bien fenti la difficulté prefque infurmontable de compofer un bon code
criminel, également éloigné de la rigueur &
de l'indulgence, je dis à ceux qui entre-
prendront cette tâche pénible ; je vous fuplie,
Meffieurs, de m'éclairer fur les délits auxquels la miférable nature humaine eft le plus
fujette. Un état bien policé ne doit-il pas les
prévenir autant qu'il eft poffible, avant de
penfer à les punir ?

Je vous propoferais de récompenfer les ver-
tus dans le peuple, felon la loi établie dans
le plus ancien empire & le mieux policé de
la terre, fi nous n'étions pas aftraints par
notre fujet à nous en tenir aux châtimens des
crimes.

A 3

Commençons par le vol qui est la plus commune des transgressions.

ARTICLE II.

Du Vol.

L E filoutage, le larcin, le vol, étant d'ordinaire le crime des pauvres, & les loix ayant été faites par les riches, ne croiez-vous pas que tous les gouvernements qui sont entre les mains des riches, doivent commencer par essaier de détruire la mendicité, au lieu de guêter les occasions de la livrer aux boureaux ?

Dans des royaumes florissants on a publié des édits, des ordonnances, des arrêts pour rendre cette multitude effroiable de gueux qui deshonorent la nature humaine, utile à elle-même, & à l'état.

Mais il y a si loin d'un édit à l'exécution, que le projet le plus sage a été le plus vain. Ainsi ces grands états sont toujours une pépinière de voleurs de toute espèce.

On y pend les petits larrons comme on

fait ; le vol domeſtique eſt puni & non empê-
ché par la potence.

On a vu pendre dans une ville très-riche,
il n'y a pas longtems, une fille de dix-huit
ans d'une rare beauté. Quel était ſon crime?
elle avait pris dix-huit ſervietes à une cabare-
tiere ſa maîtreſſe, qui ne lui paiait point ſes
gages.

Toute la canaille qui court à ces ſpectacles
comme au ſermon, parce qu'on y entre ſans
paier, fondait en larmes : & aucun n'aurait
oſé délivrer la victime, quoique tous euſſent
volontiers lapidé la barbare qui la feſait périr.

Quel eſt l'effet de cette loi inhumaine qui
met ainſi dans la balance une vie précieuſe
contre dix-huit ſervietes ? c'eſt de multiplier
les vols. Car quel eſt le maître de maiſon qui
oſera abjurer tout ſentiment d'honneur & de
pitié au point de livrer ſon domeſtique coupable d'un tort ſi petit pour être pendu à ſa
porte ? on ſe contente de le chaſſer ; il va voler ailleurs, & il devient ſouvent un brigand
meurtrier. C'eſt la loi qui l'a rendu tel : c'eſt
elle qui eſt coupable de tous ſes crimes.

En Angleterre on n'a point encore abrogé
la loi qui punit de mort tout larcin au deſſu

La peine de mort pour de petits lar-cins do-meſtiques ſert à mul-tiplier les voleurs.

de douze fous. Cela n'eft pas cher. Ailleurs
le larcin du moindre meuble dans une maifon
royale mene à la corde; & il y en a des exemples.

Vol dans
les mai-
fons roya-
les. Eft-ce pour réparer le tort fait au roi? Il
eft certainement l'homme du royaume qu'on
apauvrit le moins en le volant. Eft-ce parce
qu'on regarde le délinquant comme un fils
qui a volé fon père? Un père pardonnerait.
Eft-ce parce que l'efclave a volé fon maître?
Je n'ai plus qu'à me taire ; j'aurais trop à dire.

La poftérité croira-t-elle qu'en Angleterre
où les derniers fiècles ont vu naître tant de
loix favorables au peuple, cependant on ait
pu porter peine de mort pour la contrebande
d'une peau de mouton? Croira-t-on qu'en
1624 le roi d'Efpagne, Philippe IV, ait par
un édit, condamné à la potence quiconque
fait paffer une livre d'or, ou d'argent, ou
de cuivre, hors de fon royaume? Et c'eft
le maître des mines du Mexique & du Pérou
qui a fait cette loi!

Dans prefque tous les pays catholiques,
qu'on vole un calice, un ciboire, ce qu'on
appelle un foleil, la peine ordinaire eft d'être
brûlé, nous difent les inftitutes au droit criminel de France, page 445.

On n'examine pas fi dans un tems de fa-
mine un père de famille aura dérobé ces orne-
ments pour nourrir fa famille mourante ; fi le
coupable a voulu outrager Dieu , fi on peut
l'outrager , fi un ciboire lui eft néceffaire ; fi
le voleur a fu ce que c'eft qu'un ciboire ; fi
ce ciboire d'argent doré n'était pas abandonné
par négligence ; ce qui diminuerait le délit.
Le facriftain qui a fait cette loi , a-t-il bien
fongé qu'un homme brûlé vif ne peut plus
fe repentir & réparer fes fautes ?

On a pendu à Londres cette année 1777 ,
le plus fameux prédicateur d'Angleterre nommé Dod , & non-feulement grand prédicateur , mais directeur des confciences les plus
timorées ; & non-feulement directeur des
confciences , mais promoteur des établiffe-
ments les plus charitables. Il était convaincu
d'avoir volé trois mille livres fterling par un
crime de faux , en contrefefant la fignature
du jeune comte de Chefterfield dont il était
le chapelain & le penfionnaire. On prétend
que plus de vingt mille citoyens ont en vain
demandé fa grace , & que le gouvernement
s'eft cru obligé de la refufer , parce que le
crime de faux était trop commun chez cette

nation guerriere & marchande. Toutes les
dévotes du chapelain Dod ont pleuré en le
voyant pendre , & il a édifié tous les specta-
teurs. Il eſt certain que ſon châtiment eut été
plus exemplaire & plus utile , ſi on l'avait
vu pendant une ou deux années , une chaine
au cou , nétoyer de ſes mains ſacerdotales le
milieu très-ſale des rues de Londres , & ſi
on l'eut envoyé enſuite préparer la morue
dans l'iſle de Terre-neuve , qui a beſoin de
manœuvres.

Il aurait prêché à ſon aiſe les dévotes de ces
quartiers ; il y aurait civiliſé les mercenaires
de l'iſle & les ſauvages ; il s'y ſerait marié ; il
aurait eu des enfans qu'il aurait élevés dans la
crainte de Dieu & dans l'amour du prochain.

Monſieur l'abbé La Coſte qui travailla longtems dans Paris à un journal nommé l'année
littéraire, & qui s'oublia au point de tomber
dans le même crime que le prédicateur Dod,
ne fut condamné qu'aux galères. C'était un
homme bienfait & robuſte. Il a été utile à ſa
patrie tant qu'il a vécu.

Vol ſur
les grands
chemins.

En Allemagne & en France on fait expirer
ſur la roue ſans diſtinction , ceux qui ont
commis des vols ſûr le grand chemin , & ceux

qui ont joint le meurtre à la rapine. Comment n'a-t-on pas vu que c'était avertir ces
brigands d'être affaffins, afin d'exterminer les
objets & les témoins de leurs crimes? En Angleterre les voleurs font très-rarement meur-
triers , parce qu'ils ne font pas forcés au
meurtre par une loi qui n'aurait pas affez dif-
tingué la rapine & l'affaffinat.

Puniffez, mais ne puniffez pas aveuglément. Puniffez : mais utilement. Si on a peint
la juftice avec un bandeau fur les yeux, il faut
que la raifon foit fon guide.

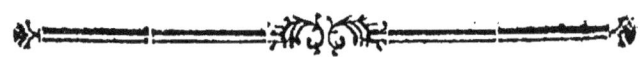

ARTICLE III.

Du Meurtre.

C'EST à vous, Messieurs, d'examiner dans quel cas il est équitable d'arracher la vie à votre semblable à qui Dieu l'a donnée.

On dit que la guerre a rendu de tout tems ces meurtres non - seulement légitimes, mais glorieux. Cependant, d'où vient que la guerre fut toujours en horreur chez les Bracmanes, autant que le porc était en exécration chez les Arabes & chez les Egyptiens? D'où vient que les Pythagoriciens, les Thérapeutes, les Troglodites, les Esséniens, & ceux qui voulurent quelque tems les imiter, ne regarderent les batailles tant vantées, si souvent ordonnées par les Dieux de toute espece, & honorées de leur préfence, que comme d'infâmes affaffinats multipliés, & comme l'affemblage de tous les crimes? Les Primitifs, auxquels on a donné le nom ridicule de Quakres, ont fui & detefté la guerre pendant plus d'un fiècle, jufqu'au jour où ils ont été forcés par leurs frères les chrétiens de Loudres, de renoncer à cette prérogative qui les diſtinguait de preſque tout le reſte de la terre. On peut donc à toute force ſe paſſer de tuer des hommes.

Mais voilà des Citoyens qui vous crient, un brutal m'a crevé un œil, un barbare a tué mon frère, vengez-nous ; donnez - moi un œil de l'agreſſeur qui m'a éborgné, donnez-moi tout le ſang du meurtrier par qui mon frère a été égorgé, exécutez l'ancienne, l'uni-verſelle loi du talion.

Ne pouvez-vous pas leur répondre, quand celui qui vous a fait borgne aura un œil de moins, en aurez - vous un de plus ? Quand j'aurai fait mourir dans les tourments celui qui a tué votre frère, ce frère ſera - t - il reſ-ſuſcité ? Attendez quelques jours ; alors votre juſte douleur aura perdu de ſa violence ; vous ne ſerez pas fâché de voir de l'œil qui vous reſte une groſſe ſomme d'argent que je vous fe-rai donner par le mutileur. Elle vous fera paſſer doucement votre vie ; & de plus, il fera votre eſclave pendant quelques années, pourvu que vous lui laiſſiez ſes deux yeux pour vous mieux ſervir pendant ce tems-là.

A l'égard de l'aſſaſſin de votre frère, il

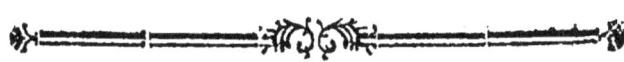

ARTICLE III.

Du Meurtre.

C'EST à vous, Meffieurs, d'examiner dans quel cas il eft équitable d'arracher la vie à votre femblable à qui Dieu l'a donnée.

On dit que la guerre a rendu de tout tems ces meurtres non - feulement légitimes , mais glorieux. Cependant, d'où vient que la guerre fut toujours en horreur chez les Bracmanes , autant que le porc était en exécration chez les Arabes & chez les Egyptiens ? D'où vient que les Pythagoriciens, les Thérapeutes , les Troglodites, les Effeniens , & ceux qui voulurent quelque tems les imiter, ne regarderent les batailles tant vantées, fi fouvent ordonnées par les Dieux de toute efpece, & honorées de leur préfence , que comme d'infâmes affaffinats multipliés , & comme l'affemblage de tous les crimes ? Les Primitifs, auxquels on a donné le nom ridicule de Quakres , ont fui & detefté la guerre pendant plus d'un fiècle , jufqu'au jour où ils ont été forcés par leurs frères les chrétiens de Londres, de renoncer à cette prérogative qui les distinguait de presque tout le reste de la terre. On peut donc à toute force se passer de tuer des hommes.

Mais voilà des Citoyens qui vous crient, un brutal m'a crevé un œil, un barbare a tué mon frère, vengez-nous ; donnez-moi un œil de l'agresseur qui m'a éborgné, donnez-moi tout le sang du meurtrier par qui mon frère a été égorgé, exécutez l'ancienne, l'universelle loi du talion.

Ne pouvez-vous pas leur répondre, quand celui qui vous a fait borgne aura un œil de moins, en aurez-vous un de plus ? Quand j'aurai fait mourir dans les tourments celui qui a tué votre frère, ce frère sera-t-il ressuscité ? Attendez quelques jours ; alors votre juste douleur aura perdu de sa violence ; vous ne serez pas fâché de voir de l'œil qui vous reste une grosse somme d'argent que je vous ferai donner par le mutileur. Elle vous fera passer doucement votre vie ; & de plus, il sera votre esclave pendant quelques années, pourvu que vous lui laissiez ses deux yeux pour vous mieux servir pendant ce tems-là.

A l'égard de l'assassin de votre frère, il

Peuples, qui en cultivant les hautes scien-
ces & les arts aimables, avez confervé des
loix plus qu'Iroquoifes, fongez que des philofophes Scythes firent autrefois rougir les
Grecs !

Vous qui travaillez à réformer ces loix,
voyez avec le jurifconfulte Mr. Beccaria, s'il
eft bien raifonnable que pour apprendre aux
hommes à détefter l'homicide, des magiftrats
foient homicides, & tuent un homme en grand
appareil.

Voyez s'il eft néceffaire de le tuer quand
on peut le punir autrement ; & s'il faut
gager un de vos compatriotes pour maffacrer
habilement votre compatriote, excepté dans
un feul cas, c'eft celui où il n'y aurait pas
d'autre

---

la famille d'un mort à compofer avec le meurtrier.
Mais il raconte auffi comment ces ivrognes de So-
phis s'abandonnent aux plus incroiables barbaries.
La Perfe depuis Chardin n'eft qu'un théatre des plus
incroiables affaffinats. La guerre civile a tout faccagé
pendant foixante années. C'eft prefque le tems de
Charles IX en France & de Charles I en Angleterre,
fi pourtant quelque chofe a pu approcher de nos guer-
res religieufes,

d'autre moyen de fauver la vie du plus grand nombre. C'eft le cas où l'on tue un chien enragé.

Dans toute autre occurence condamnez le criminel à vivre pour être utile ; qu'il travaille continuellement pour fon païs, parce qu'il a nui à fon païs. Il faut réparer le dommage, la mort ne répare rien.

On vous dira peut - être , » Mr. Beccaria » fe trompe, la préférence qu'il donne à des » travaux pénibles & utiles qui dureront » toute la vie, n'eft fondée que fur l'opi- » nion que cette longue & ignominieufe » peine, eft plus terrible que la mort qui ne » fe fait fentir qu'un moment. On vous fou- » tiendra que s'il a raifon c'eft lui qui eft » le cruel, & que le juge qui condamne à la » potence, à la roue, aux flammes, eft l'homme » indulgent.

Vous répondrez fans doute, qu'il ne s'agit pas ici de difcuter quelle eft la punition la plus douce, mais la plus utile. Le grand objet, comme nous l'avons dit, eft de fervir le public. Et fans doute un homme dévoué pour tous les jours de fa vie à préferver une contrée d'inondation par des digues, ou

à creufer des canaux qui facilitent le commerce, ou à deffécher des marais empeftés,
rend plus de fervice à l'état qu'un fquelete
branlant à un poteau par une chaîne de fer,
ou plié en morceaux fur une roue de cha-
reste.

ARTICLE IV.

Du Duel.

NE parlerez-vous point du duel, qui chez
nos nations modernes eft honorable &
pendable ? Ne nous direz-vous point pourquoi
les Scipions, les Métellus, les Céfars & les
Pompées, n'allaient point fur le pré pouffer
de tierce & de quarte, & pourquoi c'eft la
gloire d'un fous-lieutenant Bafque ou Gaf-
con, qui pour prix de fa vaillance, & en
exhauffement de chevalerie, eft condamné à
être pendu ?

Ne remarquerez-vous pas que toute fociété
s'empreffe à chaffer un coquin, de qualité
ou non, qui eft furpris trompant au jeu,
ne s'agirait-il que de quelques piftoles ? tandis

que toute société se fait un devoir de protéger, de sauver, d'aider tous les coupables
des deux crimes les plus funestes au genre
humain, le duel & l'adultère ? On se pique
de protéger ces deux délits, dont l'un détruit
les défenseurs de l'état, & l'autre donne à
tant de pères de familles, à tant de princes,
des héritiers qui ne sont pas leurs enfans !
Ne trouvez-vous pas les barbares Turcs
beaucoup plus sages que nos barbares polis
occidentaux ? Les Turcs ne connaissent ni
la vaine gloire du duel, ni la galanterie de
l'adultère. Ne conviendrez-vous pas d'ailleurs
qu'il est des délits qu'il faut toujours tâ-
cher d'ignorer ?

ARTICLE V.

Du Suicide.

A Près avoir parlé de ceux qui tuent leur prochain, difons un mot de ceux qui fe tuent eux-mêmes. Ils s'embaraffent peu quand ils font bien morts que la loi ordonne en Angleterre de les trainer dans les rues avec un bâton paffé au travers du corps, ou que dans d'autres états les bons juges criminaliftes les faffent pendre par les pieds, & confifquent leur bien. Mais leurs héritiers prennent la chofe à cœur. Ne vous femble - t - il pas cruel & injufte de dépouiller un enfant de l'héritage de fon père, uniquement parce qu'il eft orphelin? Ces anciennes coutumes aujourd'hui négligées, mais qui ne font pas légalement abolies, étaient autrefois des loix facrées; car l'églife partageait avec le feigneur féodal, foit roi, foit baron, l'argent comptant, la terre & les meubles de l'homme qui s'était dégouté de la vie. On le regardait comme un efclave qui s'était enfui de fon maître & on prenait fon pécule.

Cependant, le droit canon qui avait fervi de code criminel à nos ignorants & barbares ancêtres, n'avait jamais pu trouver, ni dans l'ancien, ni dans le nouveau teftament un feul paffage qui défende le fuicide.

Virgile dit dans fon fixieme chant que ceux qui fe font donnés la mort paffent leur tems dans le veftibule des enfers, à regretter leur vie.

. . . . . Quam vellent æthere in alto,
Nunc , & pauperim, & duros perferre la-
bores !

Virgile les plaint, quoiqu'il foit fort douteux s'ils font à plaindre ; mais il ne les condamne pas. L'empereur Marc - Antonin ordonne qu'on ne trouble point leurs cendres , & que leurs teftaments foient très- valables. (Loi du divin Marc-Antonin, code liv. 50, tit. 1er.)

L'Abbé de Saint Ciran , le patriarche des janféniftes , autrefois homme célèbre pour un peu de tems, écrivit en 1608 un livre en faveur du fuicide.

Tout ce qu'on a   pour détourner de cette action, repréfentée tantôt comme courageufe, tantôt comme lâche , fe réduit à ceci. Vous appartenez à la république, il ne vous eſt, pas permis de quitter votre poſte ſans ſon ordre.

Tout ce qu'on a dit pour la juſtifier conſiſte dans ceci.

La république ſe paſſera très-bien de moi après ma mort, comme elle s'en eſt paſſée avant ma naiſſance. Je ſuis mécontent de ma maiſon, j'en ſors, au hazard de n'en pas trouver une meilleure. Mais vous! quelle eſt votre folie de me pendre par les pieds quand je ne ſuis plus? & quel eſt votre brigandage de voler mes enfans?

ARTI.

ARTICLE VI,

Des Mères infanticides.

SI j'ai trop excufé ceux qui fe tuent, je tremble d'excufer trop de mères qui expofent leurs enfans, & furtout des filles victimes malheureufes de l'amour & de l'honneur, ou plutôt de la honte.

On a vanté & mis en vigueur, le célèbre édit du roi de France Henri II, qui ordonne qu'on puniffe de mort toute femme ou fille qui ayant célé fa groffeffe accouche d'un enfant trouvé mort fans avoir été baptifé.

Le code de Charles-Quint, connu fous le titre de la Caroline, veut qu'on ne condamne la mère au fuplice qu'en cas que l'enfant foit venu au monde en vie.

La loi d'Angleterre encor moins févère, veut que la mère échape à la condamnation, fi elle trouve un feul témoin qui dépofe qu'elle eft accouchée d'un enfant mort.

La contradiction qui règne entre ces loix, ne fait-elle pas foupçonner qu'elles ne font pas bonnes, & qu'il eut bien mieux valu dotter

des hôpitaux où l'on eut fecouru toute perfonne du fexe qui fe fut préfentée pour
accoucher fecrettement ? par-là on aurait à la
fois fauvé l'honneur des mères , & la vie
des enfants.

.Trop fouvent un prince ne manque point
d'argent pour faire une guerre injufte , qui
dévafte , & qui enfanglante une moitié de
l'europe ; mais il en manque pour les éta-
bliffements les plus néceffaires , qui confo-
leraient le genre humain.

ARTI.

ARTICLE VII.

D'une multitude d'autres crimes.

VOus nous apprendrez peut-être comment une infinité de fcélerats pouraient faire autant de bien à leur païs, qu'ils leur auraient fait de mal. Un homme qui aurait brûlé la grange de fon voifin, ne ferait point brûlé en cérémonie, parce qu'un peu de foin & de paille n'équivaut pas à la vie d'un homme qui meurt par un fi cruel fuplice. Mais après avoir aidé à rebâtir la grange, il veillerait toute fa vie, chargé de chaînes & de coups de fouet, à la fûreté de toutes les granges du voifinage.

Mandrin, le plus magnanime de tous les contrebandiers, aurait été envoyé au fond du Canada fe battre contre des fauvages, lorfque fa patrie poffédait encore le Canada.

Un faux monnoyeur eft un excellent artifte. On pourait l'employer dans une prifon perpétuelle à travailler de fon métier à la vraie monnoye de l'Etat, au lieu de le faire mourir dans une cuve d'eau bouillante,

comme l'ordonnent Charles-Quint & Fran.
çois Ier.

Un fauffaire enchaîné toute fa vie, pourait tranfcrire de bons ouvrages, ou les
régiftres de fes Juges, & fur-tout fa fentence.

La poligamie ne ferait un cas pendable
que dans la comédie de Pourceaugnac. Et la
loi trop rigoureufe de Charles - Quint & des
Anglais, ferait entiérement abolie pour faire
place à une loi moins dure & plus convenable.

Le plagiat, c'eft-à-dire la vente d'un enfant
volé, ferait auffi peu pourfuivi qu'il eft rare
dans l'Europe chrétienne. A l'égard du plagiat des Auteurs, il eft fi commun qu'on ne
peut le pourfuivre.

Voyons des délits qui ont été plus ordinai-
res, & foumis à des fuplices plus effroyables

ARTI-

ARTICLE VIII.

De l'Héréfie.

ON peut définir l'héréfie, opinion différente du dogme reçu dans le pays.
Quand commença-t on à condamner en forme
juridique des docteurs, des prêtres & des
féculiers, à être étranglés ou décolés, ou
brûlés en place publique, pour des o inions
que perfonne n'entendait? Ce fut, fi je ne
m. trompe, fous Théodofe, qui ne favait
rien de ce qui fe paffait dans fes Etats,
ainfi qu'il eft arrivé depuis à plus d'un monarque.

L'Eglife, à la vérité, avait été toujours
agitée par la difcorde. Déja Rome avait vu
un de ces fchifmes fcandaleux qui ont dé-
folé depuis, & enfanglanté l'Europe en fi
grand nombre. Novatien avait difputé l'é-
vêché fecret de Rome à Corneille, fur la
fin de l'empire de Décius. Cette guerre fourde
entre des hommes obfcurs, quoique riches,
& maltraités par le gouvernement, ne fut
fignalée que par des injures. Bientôt après

Conftantin mit, comme on fait, la religion chrétienne fur le trône, & la vit déchirer fes entrailles par des difputes fur des problèmes qu'il eft impoffible à l'efprit humain de réfoudre. Il punit lui même l'églife qu'il avait élevée. Il exila les combattans Athanafiens & les combattans Ariens. Il envénima la querelle en changeant plus d'une fois de parti. Le fang chrétien coula long-tems dans la Syrie, dans la Thrace, dans l'Afie mineure, dans l'Egypte, dans l'Afrique, vaftes pays dans lefquels il n'eft aujourd'hui connu que par l'efclavage ou par le commerce. On ne s'avifa point alors de juger la foi dans les tribunaux comme un procès criminel, & d'envoyer un homme au fuplice pour un argument.

Le fchifme de Donat, du tems de Saint Auguftin, fut cruel; les prêtres des deux partis armérent leurs ouailles africaines de maffues, attendu que l'églife abhorre le fang. On fe maffacra faintement dans le pays habité de nos jours par les corfaires de Tunis & d'Alger; mais on ne fe maffacra pas judicia'rement. Ce furent des évêques Efpagnols qui commencèrent à tuer en règle, comme

Ils commencèrent depuis les affassinats de l'inquisition dans les formes du barreau.

Il serait difficile de dire bien précisément quelles étaient les thèses théologiques sur lesquelles on fit le procès aux Priscilianites. Les chimères s'oublient, mais les barbaries atroces restent gravées dans la mémoire des hommes à la dernière postérité.

Des évêques espagnols, l'un nommé Itace, l'autre Idace, & quelques évêques gascons, ayant fortement ergoté contre les évêques Priscilien, Instance & Salvien, & par conséquent possédés du démon de la haine, suivirent leurs antagonistes des Pirénées jusqu'à Trèves. Il y avait alors dans Trèves un tyran des Gaules, nommé Maxime, qui s'était mis en tête de détrôner l'empereur Théodose, mais qui n'y réussit pas. Ce Maxime était un barbare débauché, ivrogne, avare & dissipateur; un vrai soldat, ne sachant point de quoi il était question, s'en souciant encor moins; d'ailleurs dévot & fait pour être gouverné par les prêtres, pourvu qu'il gagnât à les protéger.

Les évêques espagnols & gascons se cotisèrent pour lui donner de l'argent; tant ils

Premiers Hérétiques condamnés en forme à mort.

étaient acharnés à la bonne caufe. Maximo
ne manqua pas de faire pendre les trois hérétiques par fon parlement. Saint Martin qui
fe trouva là par hafard ayant intercédé pour
les trois condamnés , on le menaça de le
pendre lui-même, & il s'enfuit au plus
vîte.

Dès que les ergoteurs furent fi loyalement en curée , ils ne difcontinuèrent plus
d'aller à la chaffe des hérétiques & des impies. Ils crierent *alali* d'un bout de l'europe à l'autre. Ils changerent quelques princes
en chiens de chaffe , qui plongèrent leurs
gueules dans le fang des bêtes relancées par
eux. Dès que les princes réfiftèrent ils furent immolés eux-mêmes depuis Henri IV
l'Empereur, jufqu'à l'autre Henri IV de France, le meilleur des rois & des hommes.

C'eft pendant ces fiècles d'ignorance, de
fuperftition, de fraude & de barbarie , que
l'églife qui favait lire & écrire , dicta des
loix à toute l'Europe qui ne favait que boire ,
combattre , & fe confeffer à des moines. L'E-
glife fit jurer aux Princes qu'elle oignit ,
d'exterminer tous les hérétiques. C'eft-à-dire
qu'un Souverain fit ferment à fon facre , de

tuer prefque tous les habitans de l'univers. Car prefque tous avaient une religion différente de la fienne.

L'héréfie fut le plus grand des crimes ; & aujourd'hui même encore chez une aimable nation notre voifine le code pénal de tous les parlemens commence par l'héréfie ; cela s'appelle crime de leze-majefté divine au premier chef. Autrefois on brulait irrémiffiblement ces ennemis de Dieu, parce qu'on ne doutait pas que Dieu ne les brulat lui-même dès qu'ils étaient morts ; foit qu'il portat en enfer leurs corps reftés en terre, foit qu'il y portat leur ame qu'on ne voyait point. Tous les juges étaient bien perfuadés que c'était fe conformer à Dieu que de brûler les impies ; qu'on n'anticipait leur enfer que de quelques minutes, & qu'il n'y avait point de mufique célefte plus agréable à Dieu l'auteur de notre vie, que les cris d'une famille entiére d'hérétiques au milieu des flammes.

On a porté des loix bien terribles contre les hérétiques en France. On publia en 1699 un édit par lequel tout hérétique nouvellement converti était condamné aux galères perpétuelles , s'il était furpris fortant du royaume ; & ceux qui avoient favorifé fa fortie livrés à la mort. Ainfi , le réputé principal criminel était moins puni que le complice. Cette loi barbare & abfurde n'eft point abolie ; mais il faut avouer qu'elle eft fort mitigée par les mœurs ; on s'eft bien relâché , depuis qu'en 1767, l'impératrice de toutes les Ruffies , fouveraine de douze-cent mille lieues quarrées , a écrit de fa main à la tête de fes loix, en préfence des députés de trente nations & de trente religions , *la faute la plus nuifible ferait l'intolérance.*

Tolérance premiere loi dans le Code de Ruffie.

La raifon a fait pour le moins autant de progrès à Verfailles depuis que Jéfus ne permet plus que les jéfuites ou jéfuiftes gouvernent cet agréable royaume.

Vous comprenez donc bien, Meffieurs , qu'un Picard , fugitif de Noyon , réfugié dans une petite ville au pied des Alpes , & accré-dité dans cet afile, ne fit pas une action charitable en trainant à un bucher compofé de fagots verds , (pour prolonger la céré-monie ,) un pauvre Efpagnol antiché d'une opinion différente de l'opinion de ce Picard. Il fit ardre réellement le corps & le fang

de

de l'Efpagnol, & non en figure, tandis qu'on cuifait dans plus d'une ville de France, le fugitif de Noyon en effigie, en attendant fa perfonne.

Les Guifes furent plus injuftes & non moins cruels, quand ils firent juger à mort par leurs commaiffaires le vertueux Anne du Bourg, Confeiller au Parlement de Paris. Il fut pendu & brulé, fous le règne de François II. Il auroit été Chancelier de France, fous Henri IV.

Le monde commence un peu à fe civili-fer: mais quelle épaiffe rouille, quelle nuit de groffièreté, quelle barbarie domine en-core dans certaines provinces, & furtout chez ces honnêtes cultivateurs, tant vantés dans des élègies & dans des églogues, chez ces laboureurs innocents, & chez quelques curés de campagne, qui traineraient en pri-fon leurs freres pour un écu, & qui vous lapideraient, fi deux vieilles vous voyant paffer, criaient, *à l'hérétique* ! Le monde s'a-méliore un peu ; oui, le monde penfanc, mais le monde brute fera longtems un com-pofé d'ours & de finges ; & la canaille fera toujours cent contre un. C'eft pour elle que

C

tant d'hommes qui la dédaignent , compo-
fent leur maintien & fe déguifent ; c'eft à
elle qu'on veut plaire , qu'on veut arracher
des cris de *vivat* ; c'eft pour elle qu'on étale
des cérémonies pompeufes ; c'eft pour elle
feule enfin , qu'on fait du fupplice d'un malheureux un grand & fuperbe fpectacle.

ARTICLE IX.

Des Sorciers.

EST-il bien vrai que *Loche* ait écrit,
qu'il ait donné des loix humaines à
un pays fauvage , & que *Penn* ait encore mieux policé la Penfilvanie ? Blakftone
nous a-t-il fait connaître ce que ce code
criminel d'Angleterre a d'excellent & de dé-
fectueux ? Enfin , fommes-nous dans les fiècles des Montefquieu & des Beccaria , dans
ce fiècle que l'auteur vertueux de la *féli-
cité publique* , démontre à plus d'un égard
marcher à grands pas vers la fageffe & vers
le bonheur ? Cependant on parle encore de
magie !

Les papiers publics nous ont appris que, vers la fin de l'an 1750, on avait brûlé à Vurtzbourg une fille de qualité religieuse & forciere.

Je n'ai nulle rélation avec ce païs de Vurtzbourg. Je respecte trop l'évêque, souverain de ce Diocèse, pour croire qu'il ait souffert une barbarie si idiote.

Mais en 1730, la moitié du parlement de Provence, condamna au feu comme sorcier, l'imbécile & indiscret jésuite Girard, tandis que l'autre moitié lui donnait gain de cause avec dépens. La même sottise qui fit passer ce pauvre homme pour un grand prédicateur, lui donna la réputation d'un grand magicien. On soutint dans le sanctuaire des loix, qu'en soufflant dans la bouche de la fille nommée Cadiere, il lui avait fait entrer un démon d'impureté dans le corps, & que cette fille possédée du diable & de frère Girard, était devenue amoureuse de l'un & de l'autre.

Les avocats qui plaiderent contre le jésuite, ne manquerent pas de citer l'exemple du curé Gauffredi, qui non seulement fut accusé au même parlement d'avoir soufflé le diable dans la

bouche de Magdelaine La Palu à Marfeil'e ,
mais qui l'avoua dans les horreurs de la
torture , (moyen fûr de découvrir la vérité.)
On cita la fameufe avanture des Urfulines
de Loudun , toutes enforcelées par le curé
Grandier. Ce curé Grandier avec ce curé
Gauffredi avaient été brûlés vifs à la plus
grande gloire de Dieu.

Il eft dit même dans la rélation la plus
authentique de ce procès & de la mort affreufe de ce curé Grandier, que le bourreau
qui lui adminiftra la quéftion , ne le faifant
pas affez fouffrir pour le forcer à fe confeffer forcier , un révérend père récolet,
auffi robufte que zèlé , prit la place du quef-
tionnaire , & enfonça les inftrumens de la
vérité fi profondément dans les jambes du
patient , qu'il en fit fortir la moëlle. De
tout cela l'on conclut qu'il fallait donner la
quéftion à Girard & le brûler. Il aurait fubi
ces deux fupplices , s'il y avait eu dans le

Majorité parlement deux voix de plus contre lui , car
de deux il avait été charitablement ftatué il y a long-
voix fuffi tems , que la majorité de deux voix fuffi-
elle pour
faire mou- fait pour livrer loyalement un citoyen ou
rir un ci-
toyen? un moine au plus épouvantable des fuppli-

ces. Je vous ferai voir bientôt, Messieurs, que trois prétendus gradués, ou praticiens de province ont suffit pour faire expirer des enfans dans les flammes, avec des accessoires d'une atrocité iroquoise, cent fois plus aggravans. Mais continuons cet article du sorcilège.

On sait assez que le procès des diables de Loudun & du curé Grandier, livre à une exécration éternelle, la mémoire des insensés scélerats qui l'accusérent juridiquement d'avoir ensorcelé des Ursulines, & ces misérables filles qui se dirent possédées du Diable, & cet infame juge commissaire Laubardémont, qui condamna le prétendu sorcier à être brûlé vif & le Cardinal de Richelieu, qui après avoir fait tant de livres de théologie, tant de mauvais vers & tant d'actions cruelles, délégua son Laubardémont, pour faire exorciser des religieuses, chasser des diables, & brûler un prêtre.

Ce qui peut être encore plus étrange, c'est que dans notre siècle où la raison semble avoir fait quelques progrès, on a imprimé en 1749 un examen des diables de Loudun, par Mr. *Ménardaie prêtre*. Et dans cet examen en prouve par plusieurs passages

des cas de Pontas, que Grandier avait en
effet mis quatorze diables dans le corps de ces
quatorze nonnes, & qu'il mourut posfédé du
quinzième. Mr. de Menardaie prétre n'était
pas forcier.

Quant au procès du curé Gaussredbre ou Gau-
fiidi, dans Marseille, & à son épouvantable supplice en 1611, il avait été encore
plus absurde & plus inhumain ; car le parlement le condamna à être tenaillé dans toutes les parties de son corps avec des tenailles ardentes, avant d'être jeté vivant dans
le bucher, *pour réparation d'avoir fait pacte
& convention avec le malin esprit, à l'effet de jouir de Magdelaine La Palu, religieuse Ursuline, & d'attirer à son amour
toutes autres femmes ou filles qu'il désirerait.*
Voilà bien des Ursulines ensorcelées.

De pareilles horreurs couvraient alors la
face de toutes les contrées de la communion
romaine Il ne faut pas s'en étonner, puis-
que chez nos voisins, chez nos freres, dans
Genève même, en 1652, on persuada une
pauvre femme nommée Michelle Chaudron
qu'elle était forcière, qu'elle avait un pacte
avec le diable & les marques sataniques sur

le corps. En conféquence, on eut la féroce imbécilité de la brûler, mais au moins ce fut
après l'avoir étranglée.

Rappellons dans notre continent la mémoire des fingulières fureurs qu'étala il y a
un fiècle, la démence de la fuperftition dans
ces mêmes contrées feptentrionales de l'A-
mérique, aujourd'hui enfanglantées par une
guerre civile. Cette fcène infernale commença
dans le petit pays de Salem, comme celle de
la capitale de France, par un prêtre nommé
Paris, & par des convulfions. Cet énergu-
mène s'imagina que tous les habitans étaient
poffedés du diable, & le fit croire. La moitié de la peuplade fit charger l'autre de fers,
l'exorcifa, lui donna la queftion, qu'on ne
connait point en Angleterre; fit périr dans
les fuplices, vieillards, femmes & enfans;
& fut enfuite enchaînée, exorcifée, torturée
& mife à mort à fon tour. La province de-
vint déferte; il fallut y envoyer de nou-
velles peuplades; rien n'eft plus incroyable,
& rien n'eft plus vrai. Quand on fonge à
tous les maux qu'a produit le fanatifme, on
rougit d'être homme.

Vous n'ignorez pas quelle foule de forciers

C 4

Convulfions & forcilèges inftitués dans une colonie angiaife par un prêtre nommé Paris tout comme en France.

on a brûlés dans toute l'europe pendant près
de mille années. Le pape Grégoire, honoré
du nom de faint & de grand, ayant fait
brûler tous les livres anciens qu'il put trouver, fut le premier qui livra judiciairement
les forciers aux flammes. Il eut été fage d'e-
xaminer d'abord s'il était poffible que ce
crime exiftat, avant de brûler les accufés.
Il y eut deux Sénateurs de Rome exécutés :
& dès-lors chaque fiècle vit des buchers
élevés pour punir la magie, parce qu'elle fut
regardée comme une héréfie.

On a compté que depuis ce Grégoire le
grand, on a brûlé en europe plus de cent
mille forciers, ou poffedés, foit exorcifés,
foit non exorcifés. Plus les tribunaux en
condamnaient, plus il s'en reproduifait.
Cette propagation eft naturelle ; les malheureux qui avaient entendu parler toute leur
vie du pouvoir immenfe de fatanas, de fes
dévots & de fes dévotes, voyageants dans
les airs, & commandant à la nature entiére,
devaient penfer que rien n'était plus vrai,
puifque des juges qui paffaient pour les efprits les plus fenfés & les plus éclairés, ne
doutaient pas du pouvoir de ce fatan, & des

graces qu'il répandait fur fes favoris. C'était
donc parmi les peuples à qui obtiendrait la
faveur du diable. Il n'en coutait qu'un pot
de graiffe & un manche à balai pour aller
au fabat. On s'endormait dans ces heureufes
idées ; on croyait en effet traverfer les airs
pendant la nuit à cheval fur un bâton, en
croupe derriere une forcière. On arrivait en
un clin-d'œil à l'affemblée des fidèles. Vous
étiez reçus en cérémonie, le bouc vous donnait fon cu à baifer , & vous aviez droit à
tous les tréfors, & à toutes les beautés de
la terre. Il n'y avait point de gueux qui ré-
fiftat à des féductions fi flatteufes. Ce que
ces miférables fe figuraient les juges fe le
figuraient auffi. Au lieu de difcuter l'affaire
à l'hôpital des Petites-Maifons, ou de Bed-
lam, on l'examinait dans les cachots ou dans
la chambre de la queftion, on la finiffait au
milieu des flammes.

Il y eut des jurifconfultes démoniaques,
& en grand nombre, qui nous donnèrent le
code du diable, dès que l'imprimerie fut in-
ventée. Bientôt après les Bodins, les Delrio,
les Boguet , procureur généraux de Belzé-
buth, fpécifièrent tous les cas où le diable

daignait agîr par lui-même , & ceux où il employait fes miniftres. On fçut comment les diables mafculins couchaient avec nos filles en incubes , & comment les diables féminins couchaient en fuccubes avec les garçons. Tous les miftères impudiques de ces procès criminels infernaux furent dévoilés. Le roi de la Grande-Bretagne Jacques Ier, fameux théologien , écrivit fa démonologie. Le monde fut donc rempli de forciers , & d'enforcelés, de poffédants & de poffedés.

. Les favants barbares qui gagnaient de l'argent & des honneurs à inftruire les procès de ces barbares imbéciles , juftifiaient leur métier & leur conduite , en difant : » Le » forcilège eft un article de foi. Jofeph le » patriarche avait une coupe avec laquelle » il felait fes conjurations. Les prophètes du » Pharaon d'Egypte firent les mêmes mira- » cles que Moyfe. Balaam prédit l'avenir , » après avoir converfé avec fon âneffe. Saül » fut poffédé , & David chaffa fon diable en » jouant de la harpe. La Pythoniffe d'Endor » évoqua des enfers l'ombre de Samuël. Le » démon Afmodée , amoureux de Sara fille » de Raguel , étrangla fes fept maris l'un

» après l'autre : & l'ange Raphaël non-feule-
» ment le chaffa en grillant le foye d'un
» poiffon, mais il l'alla enchaîner auprès du
» grand Caire, où il eft encore. Enfin, qu'eft-
» il befoin de tant d'exemples ? Jéfus-Chrift
» lui même ne fut-il pas emporté par le
» diable dans un défert & fur une monta-
» gne, & fur le pinacle du temple ? *Delrio*,
» chap. 30.

Les fages répondaient en vain, que les
tems étaient changés ; que ce qui était bon
autrefois ne l'était plus de nos jours. Le
monde reftait toujours partagé entre les gens
croyants à la magie, & les gens faifant brûler ces croyants.

Enfin, on a ceffé de brûler les forciers, &
ils ont difparu de la terre (*).

(*) On a dit, on imprime & on répète qu'en
France Louis XIV défendit que le parlement de
Paris connut des accufations de magie & de for-
cellerie : cela n'eft pas vrai. Son édit de 1682 renou-
velle les anciennes loix contre *les devins les devine-
reffes ... coupables d'impiétés, forcilèges fous prétexte de magie, qui doivent être punis de mort.*

Ii paraît que le rédacteur de la loi s'eft mal expliqué. On n'entend point ce que c'est qu'un sorcilège sous prétexte de magie. C'est comme si on disait sorcilège sous prétexte de sorcilège. Le fait est que le parlement de Paris , composé d'hommes instruits & judicieux , n'a point l'ancienne bêtise de croire aux sorciers, aux magiciens. Mais il punit , & punira toujours les scélerats imbéciles , qui joignent aux empoisonnemens des opérations qu'on appelle magiques. Ainsi il condamna en 1689, les fameux bergers de Brie qui avaient fait périr par leurs drogues plusieurs bestiaux de leurs voisins. Ils avaient joint de l'arsenic à de l'eau bénite & à des conjurations. Ils avaient dit des paroles , mais ces paroles & cette eau bénite n'avaient tué personne. Les uns furent pendus ; les autres envoyés aux galères , non comme des magiciens qui donnaient la mort par leur science secrette , mais comme des empoisonneurs.

Le mot de magie signifie sagesse dans son origine: Quelle sagesse aujourd'hui !

ARTI-

ARTICLE X.

Du Sacrilège.

EN tout pays détruire ou infulter les chofes facrées du pays, il eft clair par le feul mot que c'eft un facrilège. Le Romain qui ayant tué un chat confacré en Egypte fut maffacré par le peuple dévot en fureur, avait commis un facrilège envers les Egyptiens, parce qu'étant feul contre une nation entiére, il avait offenfé la religion dominante du pays. Mais quand le Roi de Perfe Cambife, vainqueur de ces fuperftitieux & lâches Egyptiens, tua leur dieu Apis, & qu'il l'immola probablement à fon dieu Mithra, peut-on dire qu'il commit un facrilège? Non fans doute; il puniffait en maître un peuple méprifable, qui fefait d'une étable un fanctuaire, & qui réverait le fumier d'un bœuf.

Je fupofe qu'en effet le grand Lama donne à baifer, & fi l'on veut à fucer le réfidu de fa garderobe enchaffé dans une feuille d'or, qu'on préfente cette relique à l'empereur de

la Chine, & que l'empereur juſtement indï-
gné, la faſſe jetter dans les réſervoirs dédiés
par les anciens Romains à la déeſſe Cloacina,
ſeui ſéjour digne d'un tel joyau, certainement on n'oſera pas dire même chez les
Lamas, que l'empereur Chinois ſoit un ſa-
crilège. Mais qu'un citoyen du royaume de
Boutan ſujet du grand Lama, faſſe le même
uſage de ce qui vient des entrailles de ſon
maître, il eſt coupable de lèze-majeſté divine & humaine ſans difficulté. Et il ne faut
pas croire que cette énorme différence ne ſe
trouve que dans des cas pareils; elle eſt dans
toutes les loix faites par les hommes. *Vérité
& juſtice en deça de ce ruiſſeau, erreur &
injuſtice au delà*; comme l'a dit Paſcal après
tant d'autres. (*).

Vous avez ſans doute entendu parler de
la cataſtrophe arrivée l'an 1766, à quelques
enfans d'une petite ville d'un royaume voiſin. Ce royaume poſsède une eſpèce de gens
inconnus chez nous. Ils ſont vétus autfe-

_____

(*) Voyez ſes penſées, édition de Deſprez;
page 157.

ment que les autres hommes. Leurs cuiſſes,
leurs jambes & leurs pieds ſont nuds, leur
barbe deſcend à la ceinture, une corde les
ceint ; ils mettent dans leurs manches ce que
nous mettons dans nos poches; nous par-
lons par la bouche , & ils parlent par le nez.
Les anciens Bretons qui demeurent à l'occident de la mer d'Allemagne, ne croient pas
que ces animaux ſoient des hommes. Il y a
même une loi de leur courir ſus s'ils abor-
dent dans l'île. Mais dans les petites villes
du continent dont je vous parle, ils ſont ſi
révérés certains jours de l'année quand ils
font certaines fonctions interdites dans notre
païs , qu'il faut ſe mettre à genoux quand
ils paſſent deux à deux dans la rue.

Or , un jour qu'ils paſſaient, quelques
enfants qui en ſavaient peut-être trop pour
leur âge, négligèrent de s'agenouiller. On
prétend même qu'ils montrèrent peu de reſ-
pect pour une figure de bois que nous ne
ſouffrons point dans notre République , &
qui en effet par elle-même , (ſi on la diſtin-
gue de l'objet adorable qu'elle repréſente
mal,) ne mérite pas beaucoup de conſidé-
ration. L'irrévérence de ces enfants envers

ce bois ne fut même jamais conflatée ; les délateurs n'infiftèrent que fur une vieille chanfon de corps-de-garde chantée à table. Et cette chanfon que perfonne ne connait, fut qualifiée de crime de lèze-majefté divine au premier chef.

Ce crime fut jugé par trois magiftrats, dont l'un était l'ennemi reconnu des familles de ces enfans ; l'autre un praticien marchand de cochons. J'ignore le troifieme.

On ne peut guères concevoir comment ce procès de facrilège ne fut abandonné qu'à ces trois prétendus magiftrats. Ce n'eft que dans l'enfer des Grecs, imité de l'enfer Egyptien, qu'autrefois felon la fable, trois perfonnes formaient un tribunal affez complet pour juger l'univers.

Quoiqu'il en foit, les trois Rhadamantes de village condamnèrent ces pauvres enfans à la torture ordinaire & extraordinaire, à l'amputation du poing, à l'amputation de la langue arrachée avec des tenailles, & enfin à être brûlés vifs.

L'ufage eft dans ce pays que les Sentences criminelles rendues dans un village, foient revues dans une grande ville. Le tribunal de

la

la grande ville revit donc le procès, & confirma le jugement à la pluralité de quinze voix contre dix. L'arrêt fut exécuté autant qu'il fut poffible par cinq boureaux que le grand tribunal délégua exprès fur les lieux. L'europe entiére frémit d'horreur.

C'eft furquoi, Meffieurs, je pourrois vous faire deux queftions. La premiere comment des hommes qui n'étaient pas des bêtes carnaffieres, ont jamais pu imaginer qu'il fuffifait de quelques voix de plus pour être en droit de déchirer dans des tourments affreux des créatures humaines? Ne faudrait-il pas au moins la prépondérance de trois quarts des voix? En Angleterre tous les jurés doivent être d'accord; & cela eft bien jufte. Quelle horreur abfurde qu'on joue la vie & la mort d'un citoyen au jeu de fix contre quatre, ou de cinq contre trois, ou de quatre contre deux, ou de trois contre un! L'on nous dit que les Athéniens à qui l'on propofa des fpectacles trop fanguinaires, répondirent, renverfez donc notre autel de la miféricorde. Ceux qui dévouerent à la mort ces pauvres enfants n'avaient donc pas de femblables autels.

D

La feconde queftion eft fur l'objet même de l'arrét. Sait-on bien ce que c'eft qu'un crime de lèze-majefté divine ? Eft-ce de vouloir affaffiner Dieu comme Lycaon fe propofa d'affaffiner Jupiter qui étoit venu fouper chez lui ? Eft-ce de lui faire la guerre comme autrefois les Titans, & enfuite les geants la lui firent, & comme précédemment il en avait effuyé une très-funefte de la part des anges, felon ce qu'ont écrit les premiers bracmanes, pères des anciennes fables & des anciennes fciences ? Eft-ce enfin de nier l'exiftence de Dieux comme ont fait des philofophes impies de l'antiquité ? Certes, de malheureux enfants livrés à cinq boureaux par trois ignorants, n'avaient rien fait de tout cela.

L'un d'eux échappé aux cinq boureaux eft un officier très-fage, un homme vertueux. Il fert un très-grand roi qui en le favorifant apprend aux nations qu'il ne faut pas offenfer Dieu jufqu'à prétendre le venger par des affaffinats horribles, & qu'il ne faut pas fe preffer de brûler les jeunes inconfidérés qui peuvent devenir des hommes utiles & refpectables.

Quand on fe repréfente que des citoyens, d'ailleurs judicieux, ont figné le matin une abominable boucherie, & qu'ils vont le foir paffer le tems chez des dames, entendre & dire des plaifanteries & mêler des cartes de leurs mains enfanglantées, peut-on concevoir de tels contraftes? & n'eft-on pas fortement tenté de renoncer à la fociété des hommes!

ARTICLE XI.

Des Procès criminels pour des difputes de l'école.

L'Antiquité n'avait jamais imaginé de regarder une difpute entre Zénon & Diogène comme l'objet d'un procès criminel. Celui de Socrate fut, après tout, la plus douce des barbaries. Il n'y eut point de queftion ordinaire ou extraordinaire, point de roue de charette, fur laquelle on pliat les membres d'un citoyen brifés méthodiquement à coups de barre de fer; point de bucher enflammé dans lequel on jetta le

D 2

corps difloqué encore en vie, rien qui reffemble aux inventions des cannibales lettrés du douzieme fiècle. Ce fut un vieillard de foixante & dix ans, qui opprimé par la cabale de deux hypocrites, mourut doucement entre les bras de fes amis, en béniffant Dieu, & en prouvant l'immortalité de l'ame. Et à peine cette belle ame fut-elle envolée vers ce Dieu qui l'avait formée, que les Athéniens honteux de leur crime juridiquement commis, condamnèrent plus juridiquement les accufateurs de Socrate, & lui élevèrent un temple. Ainfi la mort de ce martyr fut en effet l'apothéofe de la philofophie.

Mais comment de la craffe de nos écoles, & de la craffe même du froc, s'eft-il élevé des querelles qui n'étaient pas dignes du théatre d'arlequin, & qui ont follicité la peine de mort dans tant de tribunaux de l'europe?

A peine les frères mineurs, nommés cordeliers furent-ils au monde, qu'ils firent naître un fchifme fur la forme de leur capuchon, & fur d'autres objets auffi importants. Il s'agiffait de favoir fi étant au réfectoire, leur potage leur appartenait en propre, ou s'ils n'en avaient que l'ufufruit. Il ne couta

Sanglante querelle des cordeliers avec le pape Jean XXII.

du fang. Leur général Michel de Céféne fut condamné à une prifon perpétuelle, & lorfque l'empereur Louis de Baviere dépofa dans Rome le pape Jean XXII, & le condamna à être brûlé vif ; lorfque Jean dépofa l'empereur dans Avignon, cette querelle des cordeliers fut alléguée de part & d'autre comme un des grands motifs de la guerre. Depuis ce tems les difputes fcholaftiques ont fouvent occupé la magiftrature dans plus d'un païs.

On fait que le prince Noir, encore plus grand que fon père Edouard III. laiffa en mourant la couronne d'Angleterre, dont il n'avait jamais joui, à fon fils Richard II. Cet enfant fut fi obfédé dans fa minorité par fon confeffeur & par des prêtres, fi importuné de toutes leurs difputes, que le Confeil privé du Roi fut obligé de leur défendre à tous, & principalement au confeffeur, de paraître à la Cour plus de quatre fois par an. (*)

_____

(*) Voyez l'hiftoire de la maifon des Plantagenets par Hume, règne de Richard IId.

D 3

En France, il fallut souvent que le parlement contint la Sorbonne par des arrêts. Le savant Ramus, bon géomètre pour son tems, & qui avait déjà de la réputation sous le Roi François Ier. ne se doutait pas alors qu'il se préparait une mort affreuse, en soutenant une thèse contre la logique d'Aristote. Il fut longtems persécuté, traduit même devant les tribunaux séculiers par un nommé Galantius Torticolis. On le menaça de le faire condamner aux galères. De quoi s'agissait-il ? Le principal objet de la dispute était la maniere dont il fallait prononcer *Quisquis*, & *quamquam*.

Le géomètre Ramu géomé à la St. Barthélemi.

Enfin, Ramus vécut assez pour être une des victimes de la St. Barthélémi. Ses ennemis attendirent ce grand jour pour se vanger de sa réputation & du bien qu'il avait fait à la ville de Paris, en fondant une chaire de géométrie. Ils trainèrent son corps sanglant à la porte de tous les colléges, pour faire amende honorable à la philosophie d'Aristote.

Les disciples zélés du Stagirite Grec furent si encouragés chez les descendans des Gaulois, que longtems après que l'ivresse & la rage de le St. Barthelémi furent paffées, ils obtinrent en 1624 un arrêt qui défendait fous peine de mort, d'être d'un avis contraire à celui d'Ariftote.

Les inimitiés perfonnelles n'ont que trop fouvent imploré le bras de la juftice, & taché d'épaiffir fon bandeau. On fait que les jéfuites Coton & Garaffe, voulurent attaquer au Confeil du Roi, le fage & favant Pafquier, qui avait plaidé contre eux devant le Parlement ; mais enfin ne trouvant pas jour à tenter une entreprife fi hardie, Garaffe fe réduifit à plaider devant le public, & voici le morceau le plus éloquent de fon plaidoyer.

" Pafquier eft un porte panier, un maraud " de Paris, petit galant bouffon, plaifanteur, " petit compagnon, vendeur de fornettes, " fimple regage, qui ne mérite pas d'être " le valeton des laquais ; bélitre, coquin, " qui rote, péte & rend fa gorge; fort fuf- " peĉt d'héréfie, ou bien hérétique, ou bien " pire, un fale & un vilain fatyre, un archi- " maître fot par nature, par bécarre, par " bémol, fot à plus haute gamme, fot à " triple femelle, fot à double teinture, &

Etienne Pafquier qui avant d'être Avocat général de la chambre des comptes plaida contre les jéfuites, & prédit ce qui leur eft enfin arrivé.

D 4

» teint en cramoiſi , ſot en toutes ſortes de
» ſottiſe. «

S'il ne put prévaloir contre un homme
auſſi reſpectable que Paſquier, il réuſſit mieux
à perdre le malheureux Théophile , qui dans
je ne ſais quelle piece de poëſie , avait gliſſé
ces trois vers aſſez peu mordans ſur les jéſuites.

> Cette énorme & noire machine ,
>
> Dont le ſouple & le vaſte corps ,
>
> Etend ſes bras juſqu'à la chine, &c.

Une ſi légere injure, ſi c'en eſt une , ne méritait pas l'accuſation d'athéiſme que Garaſſe
lui intenta. Ce jéſuite , & un de ſes con-
frères nommé Voiſin , profitant du crédit de
la compagnie, furent à la fois les accuſateurs
& les ſergens qui firent enfermer Théophile
dans le cachot de Ravaillac. Ils ſolliciterent
violemment ſon ſupplice pendant une année
entiére.

Si la ſage loi qui ordonne que l'accuſateur riſque la méme peine que l'accuſé ,
& ſubiſſe la même priſon , avait été reçue
en France , Garaſſe & ſon confrere auraient
été plus retenus.

D'autres jéſuites n'eurent pas la même har-

dieſſe avec le célèbre Fontenelle ; qui avait
embelli par les graces de ſon eſprit & de
ſon ſtyle l'érudition profonde, mais peut-
être un peu rebutante de Van-Dal, dans ſon
hiſtoire des Oracles. Il n'était pas poſſible
de déférer à une cour de judicature un livre
ſi bon & ſi ſagement écrit. Ils ſe conten-
tèrent de ſolliciter contre l'auteur une lettre de cachet qu'ils n'obtinrent pas ; & par
cette conduite même, ils prouvèrent combien il eſt odieux de ne combattre des raiſons que par l'autorité.

Ne vous ſemble-t-il pas, Meſſieurs, qu'en
fait de livres, il ne faut s'adreſſer aux tribunaux & aux ſouverains de l'état, que
lorſque l'état eſt compromis dans ces livres ?
La loi d'Angleterre ſur cette queſtion ne ───
mérite-t-elle pas de ſervir d'exemple à tous Sage loi,
les légiſlateurs qui voudront faire jouir
l'homme des droits de l'homme? Voulez-vous
parler à tous vos compatriotes , vous ne
pouvez parler que par vos livres ; impri-
mez donc, mais répondez de votre ouvrage.
S'il eſt mauvais, on le mépriſera ; s'il eſt
dangereux on y répondra ; s'il eſt criminel ,

on vous punira; s'il eſt bon , on en pro-
fitera tôt ou tard.

Quand on imprima les penſées du duc
de la Rochefoucaut , ou plutôt la penſée,
qui préſentée ſous cent faces différentes ,
prouve que l'amour propre eſt le grand reſ-
fort du genre humain , chacun trouva qu'il
avait raiſon. Ce qu'on dit de plus fort contre lui , c'eſt que ſon livre était le portrait
du peintre. Mais aucun de ceux qui avaient
é   ſes ennemis du tems de la Fronde, ne
fut aſſez effronté pour s'expoſer au ridicule de déférer ſon livre à un tribunal.

Un homme recommandable par ſes mœurs
& par ſon eſprit , vient cent ans après; il
étend la penſée du duc de la Rochefoucaut
dans un livre ſyſtèmatique. On ſe déchaîne
contre ce nouveau venu , on lui fait un procès criminel. C'eſt un vacarme terrible. Au
bout de deux ans on ne s'en ſouvient plus;
c'eſt une preuve qu'il ne fallait pas fatiguer
ce tribunal de cet inutile procès.

Un homme de lettres éloquent compoſe
un roman moral de Béliſaire. Cette morale
démontre qu'il faut regarder Dieu comme
un père , & non comme un tyran capri-

cieux ; que nous devons notre haine au
crime, & notre indulgence aux erreurs.

Il y a un chapitre 15 qui eſt aplaudi ſur-
tout par plus d'une tête couronnée. Des théo-
logiens inconnus s'élèvent contre ce chapitre
15 ; ils ſoulèvent des corps entiers ; ils ai-
griſſent des hommes en place ; ils cabalent,
ils eſſaient de faire condamner le livre &
l'auteur par le premier parlement du royaume.   Le parlement laiſſe ſagement le public
juge d'un livre écrit dans la vue de perfec-
tionner les mœurs publiques.

Ce n'était pas ſans doute une choſe fri-
vole, une vaine diſpute, que le livre inti-
tulé *ſyſtême de la nature*. C'eſt un ouvrage de
ténèbres mis en lumiere ; une déclamation
perpétuelle ſur le mal phyſique & le mal
moral, qui de tout tems aſſiégea la nature.
Ce livre trop répandu l'eſt pourtant moins
que le poëme de Lucrèce, dont les éditions
ſont innombrables ; qui eſt traduit dans toutes les langues, & dont tant de vers ſont
dans toutes les bouches. Lucrèce même fut
imprimé à *l'uſage du Dauphin* fils unique de
Louis XIV, comme un livre claſſique, par
les ſoins du vertueux duc de Montauſier, &

des favants illuftres qui préfidèrent fous lui
à l'éducation de ce prince. Les éditeurs n'eurent pour objet que la poëfie de l'auteur &
la latinité. Ils méprifèrent trop fon ignorante
& ridicule phyfique , & fes raifonnements
peut-être plus mauvais encore , pour croire
que cette lecture fut dangereufe. Si des efprits faibles peuvent en être féduits , s'ils
avalent ce poifon , l'antidote eft tout prêt
dans les démonftrations de Clarke, dans
d'Erham, dans Nieuventit même , dans cent
auteurs qui ont oppofé la force irréfiftible
d'une raifon fupérieure à la féduction des
vers de Lucrèce, lefquels après tout ne font
que des vers. C'eft ainfi qu'il faut combattre.
Brûlez en cérémonie un exemplaire de Lucrèce , vous n'y gagnerez rien ; le boureau
ne convertira jamais perfonne.

Il était donc néceffaire de réfuter le fyftême de la nature , fi ce mot de réfuter peut
s'appliquer à une déclamation fi vague & fi
verbeufe.

Un jeune homme élevé longtems dans la
fage congrégation de l'Oratoire , entreprit
de faire oublier le livre du *fyftême de la nature* , par la *philofophie* de la nature. Il écrivit

nonfeulement pour prouver un Dieu, mais
pour le faire aimer, pour s'encourager lui-
même à remercier ce Dieu de la vie qu'il
nous a donnée, & de tous les dons qui l'ac-
compagnent, comme pour fe réfigner dans
les malheurs innombrables qui la traverfent.
On découvrait évidemment dans cet écrit
une ame honnête & fenfible. On l'aurait
bien mieux aperçue encor fi le public n'a-
vait pas été fatigué dans ce tems-là de tant
de livres fur la nature; examen de la nature, hiftoire de la nature, tableau de la
nature, expofition de la nature. On était
dégoûté de cette nature qui avait fourni tant
d'infipides lieux communs. (*)

Quelques efprits moins fenfibles, & trop
endurcis peut-être par un long ufage d'une
magiftrature févère, virent dans la naïveté

(*) On devrait penfer que ce mot nature eft une
expreffion vague qui ne fignifie rien. Il n'y a point
de nature, tout eft art, depuis la formation & les
propriétés du foleil jufqu'à la moindre racine, jufqu'à un grain de fable. Et cet art eft fi grand
que cent mille millions d'Archimèdes ne pouraient
l'imiter.

des expreſſions de ce jeune homme, & dans
ce mot ſeul de nature, une philoſophie
trop douce, qui offenſait leur dureté. Ils
l'accuſerent de combattre la cauſe qu'il voulait défendre ; ils lui ſuſcitèrent un procès
criminel dans une juſtice ſubalterne, & le
firent condamner au banniſſement perpétuel.
Le parlement de Paris plus équitable, a caſſé
cette Sentence. Il a ſenti qu'il était auſſi facile qu'injuſte, de donner un ſens coupable
à des diſcours innocens; & il s'eſt ſouvenu
des paroles que prononça autrefois dans Paris
même le Céſar Julien protecteur & vengeur
des Gaules. Un légiſte délateur s'échauffant
devant lui dans ſon plaidoyer contre un
citoyen qu'il voulait perdre, lui dit, Céſar,
ſuffira-t-il donc de nier? L'équitable Julien
répondit *ſuffira-t-il d'accuſer?*

Dans le moment, Meſſieurs, que je vous
propoſe mes faibles réflexions, je lis dans la
gazette de la République du 26 Juillet que
l'on va rétablir en Eſpagne le pouvoir d'un
tribunal qui a toujours plus écouté les délateurs que les déférés; tribunal érigé autrefois par la ſuperſtition & par l'injuſtice; tribunal que tous les parlements de France

ont toujours écarté , que l'Allemagne ne
reçoit point , qui eſt en horreur dans de
grands états d'Italie , & encore plus dans tout le
nord ; c'eſt l'inquiſition puiſqu'il faut la nom-
mer. C'eſt elle qui admet la délation d'un
fils contre ſon père , d'un père contre ſon
fils. C'eſt elle qui jette dans des cachots les
accuſés , ſans leur dire jamais de quoi on
les accuſe. C'eſt elle qui condamne ſans con-
frontation. C'eſt elle enfin qui alluma tant
de buchers du détroit de Cadix aux rivages
l'Inde. Je ne vous répéterai qu'une ſeule
anedocte ſur ce tribunal trop connu. Cromwell
ayant préparé la flotte qui prit la Jamaïque
au roi d'Eſpagne , l'ambaſſadeur Eſpagnol lui
demanda s'il avait à ſe plaindre du roi ſon
maître , & quelle réparation il voulait ?
Cromwell lui répondit , *Je veux que les mers
ſoient libres , & que l'inquiſition ſoit abolie
ſur la terre.* Il manquait à cette réponſe
d'être faite par un homme vertueux. Cromwell eut reſſemblé aux anciens Romains qui
défendirent aux Carthaginois d'immoler des
hommes.

Mémoires
de Lud-
low, tome
II. pag. 63
éd. d'Amſ-
terdam.

ARTI-

ARTICLE XII.

De la bigamie & de l'adultère.

LA loi Caroline punit ces délits par la mort. La peine n'eſt-elle pas trop au deſſus de la faute ?

A commencer par la bigamie, ce qui eſt autoriſé de tout tems dans la plus ancienne & la plus vaſte partie du monde, ne peut être dans la plus nouvelle & la plus petite, que la violation d'un uſage nouveau, & n'eſt pas un crime par ſoi-même. Le même juif qui peut épouſer pluſieurs femmes en Perſe par la loi, & en Turquie par connivence, eſt coupable en Italie, en Allemagne, en Eſpagne, en France, s'il uſe de cet ancien privilège. Ne pourait-on pas diſtinguer entre les devoirs univerſels, & les devoirs locaux ? Reſpecter ſon père ſa mère, les nourrir dans l'indigence, payer ſes dettes, n'outrager perſonne, ſecourir les ſouffrans autant qu'on le peut ; ce ſont là des devoirs à Siam comme à Rome. N'épouſer qu'une femme, eſt un devoir local.

L'adul-

L'adultère eſt un crime chez tous les peuples de la terre; l'adultère des femmes s'entend; attendu que les hommes ont fait les
loix. Ils ſe ſont regardés comme les proprié-
taires de leurs épouſes ; elles ſont leur bien ;
l'adultère les leur vole ; il introduit dans
les familles des héritiers étrangers. Joignez
à ces raiſons la cruauté de la jalouſie , &
ne ſoyez pas étonné que chez tant de nations ſortant à peine de l'état de ſauvage ,
l'eſprit de propriété ait décerné la peine de
mort contre les ſéducteurs & les ſéduites.
Aujourd'hui les mœurs adoucies, ne puniſſent
plus avec cette rigueur, un crime que tout
le monde eſt tenté de commettre, que tout le
monde favoriſe quand il eſt commis ; qu'il eſt
ſi difficile de prouver, & dont on ne peut
guères ſe plaindre en juſtice, ſans ſe couvrir
de ridicule. La ſocieté a fait une convention
ſecrette de ne point pourſuivre les délits dont
elle s'eſt accoutumée à rire.

Mais lorſqu'à la honte des familles de
tels procès éclatent, quand la juſtice ſépare
les deux conjoints, il y a un autre inconvé-
nient dans la moitié de l'europe. Cette moitié ſe gouverne encore par ce qu'on appelle

Utilité du
divorce.

E

le droit canon. Cette étrange jurifprudencé qui fut longtems l'unique loi, ne confidé-re dans le mariage, *qu'un figne vifible d'une chofe invifible*; de forte que deux époux étant féparés par les loix de l'état, la chofe invifible fubfifte encore quand le figne vifible eft détruit. Les deux époux font réellement divorcés, & cependant, ils ne peuvent par la loi fe pourvoir ailleurs. Des paroles inintelligibles empêchent un homme féparé légalement de fa femme d'en avoir légalement une autre, quoiqu'elle lui foit néceffaire. Il refte à la fois marié & célibataire; cette contradiction extravagante n'eft pas la feule qui fubfifte dans ces païs où l'ancienne jurifprudence eccléfiaftique eft mêlée avec la loi de l'état. Les princes, les rois y font liés eux - mêmes par ces chaînes ridicules & funeftes. Ils font obligés de mentir hautement devant Dieu, pour obtenir par grace un divorce fous un autre nom, de la part d'un prêtre étranger. Ce prêtre déclare quand il veut le mariage nul, au lieu de le déclarer rompu.

Ainfi le bon & faible Louis XII, Roi de France, fe vit forcé de faire un faux ferment,

& de jurer qu'il n'avait jamais confommé l'ac-
te du mariage avec la fille de Louis XI, quoiqu'ils euffent couché enfemble pendant di<-
huit ans. Ainfi Henri VIII d'Angleterre mentit inutilement devant les légats de Clément
VII, & l'on fait affez comment la nation
fut amenée à fecouer un joug odieux qui
forçait les hommes au parjure ; tant il eft
vrai que les poifons les plus mortels peuvent fe tourner quelquefois en nourriture
bienfaifante.

Ainfi le grand Henri IV en France, &
Marguerite fa femme, furent obligés de mentir tous deux, pour mettre fur le trône l'infortunée Marie de Médicis. Ainfi Ifabelle de
Némours, reine de Portugal, mentit plus im-
pudemment encore, pour quitter fon mari, &
pour époufer fon beau-frere.

Voilà à quoi des royaumes font expofés,
quand on n'a pas affez de bon fens & de courage, pour anéantir à jamais un code réputé
facré, qui eft en effet la honte des loix & la
fubverfion des états. Mais les nations judicieu-
fes qui prononcent le divorce des conjoints
adultères, doivent-elles y ajouter la peine
de mort? n'y a-t-il pas là une contradiction

funeſte ? Le mari & la femme peuvent donner
chacun de leur côté des citoyens à l'état : &
il eſt clair qu'ils ne lui en donneront pas ſi vous
les faites mourir.

Si nous oſions un moment élever notre
faible intelligence juſqu'à la ſphère d'une lumiere inacceſſible , nous dirions que le Dieu des
vengeances qui puniſſait autrefois quatre géné-
rations pour la tranſgreſſion d'un ſeul homme ,
& qui punit aujourd'hui pendant l'éternité , a
pourtant pardonné à la femme adultère.

Divorce:
pour la
lépre.

[On n'a point encore retranché expreſſé-
ment de nos loix conſiſtoriales , cette ordon-
nance qui preſcrit le divorce entre deux perſonnes , dont l'une eſt attaquée de la lépre ,
d'autant que par la loi divine , il eſt expreſſé-
ment dit , que les lépreux doivent être ſéparés
des perſonnes ſaines.

Nous ne connaiſſons point la lépre. C'était
une gälle virulente , commune dans un climat
brûlant , chez un peuple errant alors dans des
déſerts , & privé de toutes les commodités
de la vie qui ſervent à guérir cette maladie
dégoutante. Il ne ſemble pas convenable de
conſerver une loi qui n'eſt pas plus faite pour
nous que cette autre loi juive , qui condam-

nait à mort, deux époux, ayant rempli les
devoirs du mariage dans le tems que la femme avait ses règles ?

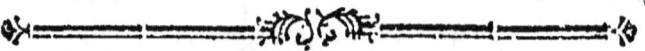

ARTICLE XIII.

Des mariages entre personnes de diffé-
rentes sectes.

Plus d'une nation a proscrit sous des peines très rigoureuses les mariages avec
des personnes qui ne professeraient pas la religion du pays. La politique a pu faire cette
loi, mais la politique change, & l'intérêt du
genre humain ne change point. Le bien public n'exige - t - il pas à la longue, que les
deux sexes de religions opposées se réunissent ?
Y a-t-il une manière plus douce & plus sûre
d'établir enfin cette tolérance que l'europe
desire, tolérance si nécessaire, que c'est la
première loi, comme nous l'avons dit de tout
l'empire de Russie, conçue par le génie de
l'Impératrice, écrite de sa main, & bénie de
son peuple. Qu'on regarde la Prusse, l'Angleterre, la Hollande, Venise ; & que les nations
intolérantes rougissent.

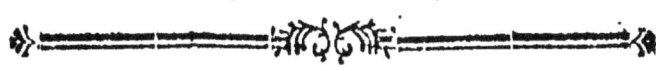

ARTICLE XIV.

De l'Incefte.

Our l'incefte il eft démontré que c'eft une loi de bienféance. *Le grand diƈtionnaire Encyclopédique, imprimé à Paris, avoue qu'entre parens, les conjonƈtions ont été permifes en certains cas un peu rares, comme au commencement du monde, & immédiatement après le déluge, &c.*

On peut ajouter que l'incefte était alors un devoir. Si un frère & une fœur, ou un père & fa fille, reftés feuls fur la terre, négligeaient la propagation, ils trahiraient le genre-humain.

Les Romains, toujours ennemis des Perfes dès qu'ils furent leurs voifins, les accuferent de légitimer l'incefte. Le bruit courut long-tems dans Rome, que chez le grand roi, les mères conchaient d'ordinaire avec leurs fils, & que pour parvenir au rang des mages, il fallait être né de cet accouplement. Catulle le dit, en termes exprès.

Nam magus ex matre, & gnato nafcatur
oportet.

On imputait plus d'une turpitude à cette
brave nation, depuis qu'elle avait vaincu &
tué Craffus : de même que les moines grecs
chargerent Mahomet fecond des accufations les
plus atroces & les plus ridicules, depuis qu'il
eut pris Conftantinople. C'était une vengeance
de moines ; ils criaient à l'hérétique.

On prétend aujourd'hui parmi quelques nations de l'europe, qu'il n'eft pas permis à un
homme veuf d'époufer une parente de fa
femme au quatrieme degré, & qu'une veuve
ferait coupable de la même tranfgreffion, fi
l'un & l'autre n'achetaient pas une difpenfe
du pape.

Il y a chez ces mêmes nations un autre
incefte qu'on appelle fpirituel. C'eft un efpè-
ce de facrilège dans un homme d'Eglife, de
coucher avec une fille qu'il a batifée, ou con-
firmée, ou confeffée. Voyez les cas de Pontas,
au mot incefte.

La France n'a point de loi expreffe contre
ces efpèces de délits ; mais quelques tribunaux
les ont quelquefois punis de mort de leur propre autorité ; fur quoi on peut obferver la

supériorité de la jurisprudence Anglaise. Elle punirait tout juge qui aurait infligé à une peine que la loi n'aurait pas décernée.

C'est à la prudence de ceux qui gouvernent, de dicter des loix ; de proportionner chaque peine à chaque délit , & de contenir les accusés & les juges.

Serait-il tems de ne plus regarder les mariages entre cousins germains comme incestueux ? Nos seigneurs pourront les permettre , pour le bien des familles. Le pape les permet , moyennant finance.

ARTI

ARTICLE XV.

Du Viol.

POur les filles ou femmes qui fe plaindraient d'avoir été violées, il n'y aurait, ce me femble, qu'à leur conter comment une reine éluda autrefois l'accufation d'une complaignante. Elle prit un fourreau d'épée, & le remuant toujours, elle fit voir à la dame qu'il n'était pas poffible alors, de mettre l'épée dans le fourreau.

Il en eft du viol comme de l'impuiffance ; il eft certains cas dont les tribunaux ne doivent jamais connaître.

La France eft le feul païs où l'on ait admis le congrès. Les juges en ont enfin rougi

ARTI:

ARTICLE XVI.

Pères & mères qui proſtituent leurs enfants.

CE ne peut être que dans la derniere claſſe des miſérables, que cette infamie ſoit pratiquée. Elle eſt plutôt du reſſort d'un juge ſubalterne de police que d'une compagnie ſupérieure de magiſtrats ; elle ne peut s'être introduite que dans ces villes immenſes où l'on voit un ſi grand nombre de riches voluptueux, qui achetent chérement des plaiſirs criminels, & un plus grand nombre d'indigens qui les vendent.

Je m'étonne, que nos commentateurs de la loi Caroline parlent d'un tel commerce. Il doit être inconnu dans un païs tel que le nôtre, où de grandes fortunes n'inſultent jamais à la miſère publique, & où le luxe eſt ignoré.

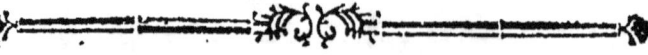

ARTICLE XVII.

Des Femmes qui se prostituent à leurs domestiques.

COmment se peut-il que Constantin, le plus débauché des empereurs, ait condamné ses domestiques à être brûlés, & leurs maîtresses à être décolées ? (code, liv. 9. tit. 9.) Les plus méchans Princes se sont piqués souvent de faire les loix les plus ridicules. Le cardinal de Fleuri appellait les femmes qui avaient cette faiblesse pour leurs *valets* de chambre, des femmes *valétudinaires*.

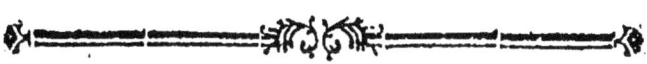

ARTICLE XVIII.

Du Rapt.

L A loi Caroline, les ordonnances en France établiſſent la peine de mort contre un raviſſeur. La loi Angloiſe n'ordonne la mort qu'en cas que la fille ſe plaigne d'avoir été ravie.

ARTICLE XIX.

De la Sodomie.

L Es empereurs Conſtantin II & Conſtance ſon frère, ſont les premiers qui aient porté peine de mort contre cette turpitude qui deshonore la nature humaine. (code, liv. 9. tit. 9.) La novelle 141. de Juſtinien eſt le premier reſcript impérial dans lequel on ait employé le mot *ſodomie*. Cette expreſſion ne fut connue que longtems après les traductions grecques & latines des livres juifs. La turpitude qu'elle déſigne était auparavant ſpécifiée par le terme *pedicatio* tiré du grec.

L'empereur Juftinien dans fa novelle ne
décerne aucune peine. Il fe borne à infpirer
l'horreur que mérite une telle infamie. Il ne
faut pas croire que ce vice devenu trop commun dans la ville des Fabricius, des Catons,
& des Scipions, n'eut pas été réprimé par les
loix. Il le fut par la loi Scantinia qui chaf-
fait les coupables de Rome, & leur fefait
payer une amende. Mais cette loi fut bientôt oubliée, furtout quand Céfar vainqueur
de Rome corrompue, plaça la débauche fur
la chaire du dictateur, & quand Adrien la
divinifa.

Conftantin fecond & Conftance étant con-
fuls enfemble, furent donc les premiers qui
s'armèrent contre le vice trop honoré par
Céfar. Leur loi *Si vir nubit*, ne fpécifie pas
la peine; mais elle dit, que la juftice doit
s'armer de glaive; *Jubemus armari jure gladio
ultore*; & qu'il faut des fupplices recherchés :
exquifitis pœnis. Il paraît qu'on fut toujours
plus févère contre les corrupteurs des enfants, que contre les enfants mêmes; & on
devait l'être.

Lorfque ces délits auffi fecrets que l'adultère, & auffi difficiles à prouver, font portés

aux tribunaux qu'ils scandalisent, lorsque ces
tribunaux sont obligés d'en connaître, ne doivent - ils pas soigneusement distinguer entre
l'homme fait, & l'âge innocent qui est entre
l'enfance & la jeunesse?

Ce vice indigne de l'homme n'est pas connu
dans nos rudes climats. Il n'y eut point de
loi en France pour sa recherche & pour son
châtiment. On s'imagina en trouver une dans
les établissements de Saint Louis. *Si aucun est
soupçonneux de bulgarie, justice laïc li doit
prendre, & l'envoyer à l'évêque; & se il en est
prouvé, l'en doit ardoir, & tui li meuble sont
au baron.* Le mot *bulgarie*, qui ne signifie
qu'hérésie fut pris pour le péché contre nature.
Et c'est sur ce texte qu'on s'est fondé pour
brûler vifs le peu de malheureux convaincus
de cette ordure, plus faite pour être ensevelie
dans les ténèbres de l'oubli, que pour être
éclairée par les flammes des bûchers aux yeux
de la multitude.

Le misérable ex - jésuite aussi infâme par
ses feuilles contre tant d'honnêtes gens, que
par le crime public d'avoir débauché dans Paris jusqu'à des ramoneurs de cheminée, ne
fut pourtant condamné qu'à la flustigation

fecrete dans la prifon des gueux de Bifsêtre.
On a déja remarqué que les peines font fouvent arbitraires, & qu'elles ne devraient pas
l'être ; que c'eft la loi, & non pas l'homme
qui doit punir.

La peine impofée à cet homme était fuffi-
fante ; mais elle ne pouvait être de l'utilité
que nous défirons, parce que n'étant pas publique, elle n'était pas exemplaire.

ARTICLE XX.

Faut-il obéïr à l'ordre injufte d'un pou-
voir légitime.

JE fuis defcendu peut-être dans un trop grand détail fur les délits qui peuvent occuper l'attention des magiftrats. Je ne parlerai pas de ces loix paffagères qui ne fubfiftent qu'avec la puiffance dont elles émanent ; de ces défenfes qui ne peuvent durer qu'autant que le danger dure ; de ces réglemens de caprice qui font ou inutiles , ou inexécutables ; mais je dois vous confulter fur ces ordres fouverains qui révoltent l'équité naturelle.

Vous devez obéir à ceux qui font les loix dans votre patrie, tant que vous demeurez dans cette patrie ; j'en conviens. Mais je fuppofe que vous vous appellez Banaias , capitaîne des gardes d'un petit roi dans un pays de quarante-cinq lieues de long fur quinze de large. Vous favez que le feu roi a laiffé deux fils , dont le cadet eft né d'une femme adultère , complice de l'affaffinat de fon premier mari ; le père de ces deux enfants par une nouvelle injuftice en faveur de cette

Ordre à Banaias de tuer le prince A-donias à l'autel.

profti-

proſtituée , a deshérité ſon fils aîné , fils
d'une princeſſe vertueuſe. Il a inſtitué ce
cadet fils de la proſtitution & du meurtre.
Le malheureux desherité ne demande au poſ-
ſeſſeur de ſon bien d'autre grace , que la per-
miſſion d'épouſer une petite fille qui a ſervi
pendant quelques mois à réchauffer ſon vieux
père. Il implore même pour en obtenir l'a-
grément , la protection de la vieille mère
de ſon frère. Comment ce frère reçoit - il
cette ſupplication? Il vous ordonne à vous
Banaïas , capitaine d'une vingtaine de meur-
triers qu'on appelle ſes gardes d'aller tuer
ſon frère aîné pour toute réponſe. Le frère
aîné crie miſéricorde , invoque ſon Dieu,
embraſſe les cornes de l'autel ; le cadet vous
commande d'aſſaſſiner ſon frère votre roi légitime ſur cet autel même. Je vous demande,
Banaïas, ſi vous devez obéir?

Je penſe qu'il faudrait que Dieu lui-même
deſcendit de l'empirée dans toute ſa majeſté,
& qu'il vous commandât de ſa bouche ce parricide, pour des raiſons inconnues aux faí-
bles mortels. Pour moi je lui dirais, Seigneur
la main me tremble, daignez charger quelqu'autre juif de cette commiſſion.

F.

Exemple
tiré de
l'aſſaſſinat
d'Adonias
par ſon
frère.

Puifqu'on s'efforce encor de nos jours à chercher des exemples de conduite chez ce peuple, autrefois gouverné par Dieu même, & fi fouvent infidele à Dieu, chez ce peuple qui prépara notre falut, & qui eft l'objet de notre horreur, puifqu'on a confondu fi fouvent fes crimes avec la loi naturelle & divine qui les condamne, je vais choifir encor un exemple chez ce peuple parmi cent autres exemples.

Lorfque Siméon & Lévi firent un pacte avec les habitans de Sichem, aujourd'hui Naplouze; lorfqu'ils engagèrent le chef de ce village à fe circoncire, lui, fon fils & tous les habitans; lorfque le troifiéme jour après l'opération la fievre de fupuration abatant les forces de ces nouveaux frères, Siméon & Lévi égorgèrent le chef, toute fa famille & toute la peuplade; Siméon & Lévi furent fans doute aidés par leurs ferviteurs, par leurs efclaves s'ils en avaient. Je dis que ces efclaves étaient auffi coupables que les maîtres. Je dis que quand même les juifs auraient eu alors un prophète, un pontife, un fanhédrin, c'était un crime exécrable d'obéir à leurs commandemens.

Maffacre de Sichem,

Le rapt des Sabines par Romulus aurait-il été moins un brigandage barbare s'il eût été commis par une délibération du Sénat ?

La St. Barthélemi perdrait-elle aujourd'hui quelque chofe de fon horreur fi par impoffible le parlement de Paris avait rendu un arrêt par lequel il eut enjoint à tout fidèle catholique de fortir de fon lit au fon de la cloche pour aller plonger le poignard dans le cœur de fes voifins, de fes amis, de fes parents, de fes frères qui allaient au prêche ?

Les miférables gentilhommes nommés les quarante-cinq qui affaffinèrent fi lâchement le duc de Guife, auraient-ils été moins coupables s'ils avaient commis cette indignité en vertu d'un arrêt du confeil ?

Non fans doute. Un crime eft toujours crime, foit qu'il ait été commandé par un prince dans l'aveuglement de fa colère, foit qu'il ait été revêtu de patentes fcellées de fang froid avec toutes les formalités poffibles. La raifon d'état n'eft qu'un mot inventé pour fervir d'excufe aux tyrans. La vraie raifon d'état confifte à vous précautionner contre les crimes de vos ennemis,

non pas à en commettre. Il y a même de
l'imbécilité à leur enseigner à vous détruire
en vous imitant.

L'abbé de Caveirac a beau dire que la St.
Barthélemi *était une affaire de politique.*
Cette politique serait celle de Cerbère & des
Furies.

On dit que les exécuteurs, les supots de
la justice doivent obéir aveuglément ; que
ce n'est point à eux à examiner si le suplice
dont il ne font que les instruments est équitable ou non. Et moi je vous dis que ces
gens là font aussi criminels que les juges,
quand ils mettent à exécution une sentence
reconnue évidemment injuste & barbare au
tribunal de la conscience de tous les hommes.

Je ne sais quel écrivain un peu extraordinaire, dans un roman nommé Emile, dont
le héros est un gentilhomme menuisier, a
dit, *que le Dauphin de France devait épouser
la fille du boureau s'il y trouvait des conve-
nances.* J'ose affirmer que si le boureau de
Paris avait pu sauver la maréchale d'Ancre
par son refus ; le fils de cette maréchale aurait
bien fait d'épouser la fille du sauveur de sa
mère, malgré l'horreur de la profession du père.

Voilà une partie du code que j'aurais annoncé aux partifans de Brunehaud ou de Frédégonde ; à la faction de la rofe rouge & à celle de la rofe blanche ; aux Armagnacs & aux Bourguignons ; aux fripons des deux partis dans le grand fchifme de l'occident, aux infâmes parlements du tyran Henri VIII.

Nous ne vous invitons donc point à parler de ces prétendues loix promulguées dans des tems de tirannies & de brigandages.

Nous ne regarderons pas même comme un jugement légal l'arrêt de la chambre étoilée d'Angleterre, par lequel l'avocat Prinn eut les oreilles coupées au pilori & paya mille livres fterling d'amende, pour avoir compofé un livre contre la comédie en 1633. C'était le tems où le Cardinal de Richelieu fefait naître le théatre en France, & la reine Henriette, fille du grand Henri IV, époufe de l'infortuné Charles Ier. protégeait le théatre & les autres beaux arts à Londres. Prinn était un fanatique imbécile, qui ne méritait pas une punition fi févère. Mais dans ce tems le parti de la cour & la faction oppofée commençaient à interpréter les loix avec cruauté.

Sentence contre l'avocat Prinn à Londres.

F 3

On fait trop que cette fombre rage de
joindre les formalités de la loi aux horreurs de la politique, fut pouffée fi loin
chez cette nation alors féroce, que fon roi
vendu par des Ecoffais à des Anglais, fut

Arrêt de
mort con-
tre le roi
Charles I.

enfin jugé à mort par une prétendue cour
de juftice, à laquelle préfidait pour grand
Stuard un fergent de loi, & où fiégeaient
un cordonnier & un charetier mêlés à trente-
huit colonels. C'eft le plus folemnel & le
plus tranquile affaffinat juridique dont jamais
aucune nation fe foit vantée.

Si quelque crime exécuté avec la forma-
lité d'une prétendue juftice peut être com-
paré à ce fuperbe crime de Cromwell, c'eft
le fuplice du jeune Conradin, légitime roi
de Naples & de Sicile, par la grace du
pape. (*)

_____

(*) Y a-t-il quelqu'un à qui l'on puiffe apprendre que Conradin était né roi des deux Siciles par
fon père Conrad, & par fon ayeul le grand empereur Frédéric II? Qui ne fait que ce jeune prince
l'efpoir de l'Allemagne, deftiné à l'empire, eut le
courage à l'âge de feize ans de venir combatre
pour fon héritage des deux Siciles que les papes
avaient donné à Charles d'Anjou? On fait affez que

Je ne vous parlerai pas de tant d'autres meurtres commis ailleurs fous une ombre de justice. Nous ne vous demandons un code que pour des peuples policés qui en foient dignes.

Conradin fut invité par fes fujets & par les Romains à remonter fur fon trône. Il aborda dans fa patrie avec Fréderic duc d'Autriche fon coufin germain, fon frère d'armes, dont l'amitié fut longtems auffi célèbre en Italie que celle de Pilade pour Orefte en Grèce. Tous deux étaient fecondés par Henri frère du roi de Caftille, & par une foule de chevaliers Caftillans. Les mufulmans vinrent fe ranger fous fes drapeaux ainfi que les chrétiens. Cette floriffante armée fut détruite par un ftratagème. Conradin & fon brave ami furent livrés à Charles d'Anjou. Ce prince qui s'était fait vaffal du pape, confulta Clément IV fon feigneur fuzerain, pour favoir comment il traiterait fes deux captifs. *La vie de Conradin eft la mort de Charles*, répondit le pontife. Charles en conféquence fit juger le roi des deux Siciles & le duc d'Autriche, comme des criminels de lèze-majefté divine & humaine. Le bourreau leur trancha la tête dans la place publique, & Conradin mourut en baifant la tête du duc d'Autriche. Nous n'avons point les lettres par lefquelles Saint Louis frère du duc d'Anjou reprocha fans doute à fon frère un crime fi cruel & fi lâche.

F 4　　AR-

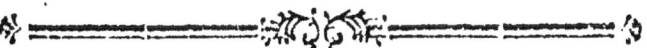

ARTICLE XXI.

Des Libelles diffamatoires.

CHez les Romains *famosi libelli*, les libelles qui attaquaient la renommée étaient
des crimes de lèze - majesté quand l'empereur
y était outragé. Tribonien fait dire à son
empereur Justinien (dans le digeste liv. 48,
titre 4.) *non lubricum linguæ ad pœnam facile
trahendum est*. Une parole imprudemment
échapée ne doit pas être facilement punie.
On avait auparavant fait parler Théodose
avec plus de dignité, & le code lui attribue
des paroles plus mémorables, (liv. 9. tit. 7.)
Si c'est légéreté, méprisons ; si c'est folie,
ayons en pitié ; si c'est dessein de nuire, par-
donnons : *si ex levitate processerit, contemnen-
dum ; si ex insania, miseratione dignissimum ;
si ab injuria, remittendum.*

L'empereur Julien le philosophe avait fait
mieux, il avait toujours pardonné. Je vous
cite ce très - grand homme, parce que nos
provinces respirèrent sous sa domination,

ainfi que les Gaules, parce qu'il y diminua
les impôts des deux tiers, parce qu'il y ren-
dit la juftice comme Caton, parce que fa
vigilance & fon courage nous préfervèrent
du joug des Sicambres & des autres peuples
Transrhénois qui nous fubjuguerent depuis.
Rien ne peut nous difpenfer de la recon-
naiffance que nous devons à un héros notre
bienfaiteur.

Un écrit qui vous diffame femble punif-
fable à proportion du mal qu'il peut faire.
S'il eft à craindre qu'il infpire la fédition
contre le fouverain, il doit être réprimé par
une grande peine: & telle a été fouvent la
jurifprudence Romaine. Si la diffamation ne
porte que fur vos goûts, fur votre faibleffe,
fur vos ridicules, gardez-vous bien d'in-
tenter un procès, de peur d'être plus ridicule
encore.

Je ne mettrai point ici au rang des libelles diffamatoires réprimables par la juftice
ordinaire, certaines bulles que pourtant
plufieurs parlements de France on condamnées au feu. Telles par exemple que celle
qui fut publiée à Rome en 1588, à l'infti-
gation de la Ligue contre Henri IV notre

Libelle
diffama-
toire de
Sixte-
Quint
contre
Henri IV
& le prin-
ce de
Condé.

augufte allié, & contre le prince de Condé son émule en vertu & en courage. Ils sont tous les deux appellés dans ce libelle diffamatoire *Proles detestabilis ac degener familiæ borborionorum. Pronontiamus illos hereticos, relapsos, hereticorum duces, impenitentes, leçæmajestatis divinæ reos. Privamus illum Henricum Navarræ regno; hunc & utrumque eorumque posteros omnibus principatibus ducatibus Dominis & officiis regiis.* Et voici la traduction de ce mauvais Latin. Nous déclarons Henri, ci-devant roi de Navarre, & Henri, ci-devant prince de Condé, race détestable & dégénérée de Bourbon, hérétiques, relaps, chefs d'hérétiques, impénitents, criminels de lèze-majesté divine. Nous privons ce Henri de Navarre de son royaume, & chacun d'eux & leur postérité de toutes principautés, duchés, domaines, de tous honneurs & offices royaux, &c. &c.

Un Gustave-Adolphe, un Charles XII, un Frédéric de Prusse auraient répondu dans Rome à la tête d'une armée. Henri IV, aussi vaillant qu'eux, ne répondit que par un démenti affiché aux murs du Vatican. Il n'avait point alors d'armée; il n'en eut jamais une complette que dans le tems où le fanatifme l'affaffina par la main du dernier des hommes. Nous ofons efpérer que les tems de ces libelles diffamatoires abfurdes ne reviendront plus.

ARTICLE XXII.

De la nature & de la force des preuves,
& des préfomptions.

§. Ier.

Du flagrant délit.

LA premiere preuve eft le flagrant délit. Elle attefte le fait, mais elle n'attefte pas toujours que cette flagrante action foit un crime. On voit un homme qui tue un homme ; mais s'il tue l'affaffin de fon père en le pourfuivant dans le moment de l'affaffinat, il ne mérite que des applaudiffements. S'il tue fon agreffeur, on n'a rien à lui reprocher. S'il tue pour un affront fanglant dans un premier mouvement de colère, la loi même doit lui pardonner, en dédommageant la famille du mort. En un mot toute action peut avoir diverfes faces.

§. II.

Des Témoins.

La feconde preuve eft le témoignage. Faut-il que dans tous les cas deux témoins conf-tants, invariables, dans leurs dépofitions uniformes fuffifent pour faire condamner un accufé ? Deux hommes également prévenus fe trompent fi fouvent, & croient avoir vu ce qu'ils n'ont point vu ! furtout quand les efprits font échaufés, quand un enthoufiaf-me de faction, ou de religion fafcine les yeux.

Exemple de Sirven.

N'y eut-il pas dans le procès criminel de Sirven en 1762 un médecin & un chirur-gien catholiques zélés, qui virent de l'eau dans l'eftomac de la fille de ce Sirven ouverte par eux ? & qui jugèrent que Sirven avait noyé fa fille, parce qu'il était proteftant, quoique l'eau dans l'eftomach eut été une preuve en bonne phyfique que la fille n'était pas morte noyée.

Une cabale de la populace à Lyon ne vit-elle pas en 1772, des jeunes gens porter en danfant & en chantant le cadavre d'une fille qu'ils venaient de violer & d'affaffiner? Cela ne fut-il pas dépofé en juftice d'une voix unanime? Et cependant les juges reconnurent enfin folemnellement dans leur fentence, qu'il n'y avait eu ni fille violée, ni cadavre porté, ni chant, ni danfe.

On fe fouviendra longtems de l'innocent gentilhomme Langlade condamné à la torture & aux galères, où il mourut.

Le premier indice du vol dont on ofa l'accufer fut la dépofition de deux domeftiques. Ils crurent le voir lui & fa femme pâlir & trembler au premier afpect du comte de Montgoméri qui ne foupçonnait point encore le vol dont il fe plaignit depuis. De pareilles méprifes ne font que trop communes, & elles font trop funeftes.

Exemple de Langlade.

Pour ne citer que des exemples connus, & au deffus de tout reproche, rapportons encore l'incroyable, mais publique avanture de la Pivardiere. Madame de Chauvelin mariée en feconde noces avec lui, eft accufée de l'avoir fait affaffiner dans fon château. Deux fervantes ont été témoins du meurtre.

Exemple de la Pivardiere.

Sa propre fille a entendu les cris & les der-
nieres paroles de son père. *Mon Dieu ayez
pitié de moi!* L'une des servantes malade en
danger de mort , atteste Dieu en recevant
les sacrements de son église, que sa maîtresse
a vu tuer son maître. Plusieurs autres témoins
ont vu les linges teints de son sang ; plusieurs
ont entendu le coup de fusil par lequel on a
commencé l'assassinat. Sa mort est avérée.
Cependant, il n'y avait eu ni coup de fusil
tiré, ni sang répandu , ni personne tué. Le
reste est bien plus extraordinaire. La Pivardiere revient chez lui ; il se présente aux
juges de la province, qui poursuivaient la
vengeance de sa mort. Les juges ne veulent
pas perdre leur procédure ; ils lui soutiennent
qu'il est mort, qu'il est un imposteur de se
dire encore en vie ; qu'il doit être puni de
mentir ainsi à la justice ; que leurs procédures
sont plus croyables que lui. Ce procès criminel dure dix-huit mois avant que ce pauvre
gentilhomme puisse obtenir un arrêt *comme
quoi il est en vie.*

Dieu de justice ! que d'exemples de ces
erreurs meurtrieres qui se renouvellent chaque année en europe dans presque tous ces

tribunaux gouvernés par la compilation de
Tribonien ! ou par l'ancienne coutume féodale ! Ces cataſtrophes n'excitent pas toutes
la même rumeur que celles des Calas ; elles
ne ſont pas toutes portées aux pieds du
trône. Le fanatiſme ne leur donne pas cette
célébrité affreuſe qui pénétre ſi profondément les eſprits. Mais la mort du nommé
Montbailli à St. Omer, & la condamnation
de ſa femme à être brûlée vive (*) a été

Exemple
de Mont-
bailli.

(*) En 1770 , le Tribunal ſupérieur d'Arras en-
treprend ſans aucune vraiſemblance préalable de juger
un jeune homme nommé Montbailli , & de le condamner à la queſtion ordinaire & extraordinaire ,
au ſuplice du poing coupé , à être rompu , à être
jetté vif dans les flammes , & ſa femme à être brûlée
avec lui ; le mari comme aſſaſſin de ſa mère , & la
femme comme complice. Le tribunal rend cet arrêt
de ſon propre mouvement , ſans qu'il y ait un ſeul
accuſateur, un ſeul témoin. Il ſemble que ce ſoit
pour lui un plaiſir de faire périr deux citoyens dans
les tourments. Le mari eſt exécuté; la femme étant
groſſe de trois mois eſt réſervée pour être brûlée en
relevant de couche. Si par hazard le chancelier de
France n'avait été averti , l'iniquité aurait été con-
ſommée. Quels dédommagements a eus cette femme

plus horrible, & encor moins excusable que
celle du vieux père de famille Calas.

Au moment que je vous parle il se passe
en Bretagne (*) une scène moins révol-
tante.

_____

infortunée ? aucun. A peine cette barbarie a-t-elle
été connue.

(*) Voici l'avanture de Bretagne. Deux coupables sont condamnés par un parlement avec deux
femmes réputées complices. Les deux hommes
par leur testament de mort déclarent que les femmes
sont innocentes. Le rapporteur allégue que la loi
n'écoute pas cette justification tardive, & veut
qu'on les pende tous quatre. Le bourreau plus
pitoyable que le conseiller, & raisonnant mieux,
ayant déja pendu les deux hommes & une femme,
conseille tout bas à la dernière de crier qu'elle est
grosse. On suspend l'exécution, on écrit à Versailles,
& la femme est sauvée.

N'a-t-on pas vu dans le procès si connu du comte
de Morangiés, deux témoins obstinés à soutenir
invariablement le plus absurde mensonge ; séduire
le juge subalterne à qui on avait renvoyé cette
affaire, au point que ce juge crut en tout ces
deux misérables, & principalement un cocher
nommé Gilbert, fameux alors parmi la canaille,
& regardé dans le peuple comme le vertueux
ennemi

tante. J'ai été témoin de plusieurs. Le cœur
se flétrit, & la main tremble quand on se
rappelle combien d'horreurs sont sorties du
sein des loix mêmes. Alors on serait tenté
de souhaiter que toute loi fut abolie, &
qu'il n'y en eut d'autres que la conscience
& le bon sens des magistrats. Mais qui nous
répondra que cette conscience & ce bon sens
ne s'égarent pas ? Ne restera-t-il d'autres res-
sources que de lever les yeux au ciel, & de
pleurer sur la nature humaine ?

Nous avons vu par les lettres de plusieurs
jurisconsultes de France, qu'il n'y a point
d'année où quelque tribunal ne fasse périr
dans les suplices des malheureux dont l'innocence est ensuite reconnue & non ven-
gée. Il faut de l'argent pour demander justice en révision : mais les pauvres familles

---

tueux ennemi de la noblesse. C'est sur les cris de ce
séditieux que le juge osa flétrir un maréchal-de-camp
indignement accusé. Il dût bien se repentir de son
erreur, lorsqu'un an après ce généreux cocher fut
reconnu pour un voleur public, pour un faussaire,
& puni par la justice.

G

qui la demanderaient font réduites à l'au-
mône, tandis que dans la capitale trois ou
quatre cent mille hommes oififs, après s'être
occupés de convulfions pendant vingt ans,
difputent gayement fur un Vauxhall, fur
un opéra conique, fur des doubles croches.

§. III.

Des Accufateurs qui adminiftrent des preuves
du crime.

Heureufes les nations qui ont été affez
fages pour ftatuer que tout accufateur fe
mettrait en prifon, en y fefant enfermer
l'accufé! C'eft de toutes les loix la plus
jufte. Encor les délateurs ont-ils le moyen
de s'y fouftráire. Calvin fit accufer Servet
par fon valet Lafontaine aprentif en théologie; & s'étant mis ainfi à couvert de la
loi il n'en pourfuivit que plus vivement
fon accufation. La loi n'en eft pas moins
équitable. Elle reffemble aux règles de ces
combats en champs clos, dans lefquels les
champions étaient obligés de combattre avec
des armes égales, & de partager le foleil &
le vent. La manière de combattre était rai-

fonnable & jufte, quoiqu'il fut très injufte
& très infenfé de faire dépendre la vérité
d'un combat.

Que de témoins accufateurs ont accouru
à Paris de fix mille lieues pour accufer le
général Lalli d'avoir trahi la France, lui
qui avait répandu fon fang pour la France
ainfi que toute fa famille! On nous mande
qu'aujourd'hui fous un roi jufte on revoit
ce funefte procès. De quelle gloire fe cou-
vrira le confeil fi fon équité peut réformer
par les loix l'arrêt impitoyable porté contre
le général Lalli à l'abri des loix!

§. IV.

Si tout Témoin doit être entendu.

Je pencherais à croire que tout homme
quel qu'il foit, peut être reçu à témoigner.
L'imbécilité, la parenté, la domefticité, l'infamie même, n'empêchent pas qu'on ait pu
bien voir, & bien entendre. C'eft aux juges
à pefer la valeur du témoignage, & des re-
proches qu'on doit lui oppofer. Les dépofitions d'un parent, d'un affocié, d'un domef-
tique, d'un enfant, ne doivent décider de

rien. Mais elles peuvent être entendues ; parce qu'elles peuvent donner des lumières.

Vous êtes en prifon pour dettes ; un prifonnier en affaffine un autre ; trente prifonniers qui ont vu le meurtre affurent tous que vous n'êtes pas le coupable.

Leur dépofition ne ferait-elle pas admife fous prétexte que leurs perfonnes feraient infâmes, ou réputées mortes civilement ? Et les témoignages de deux miférables non encore flétris feraient-ils feuls écoutés ? Faudrait-il que vous en fuffiez la victime ?

§. V.

Le Juge doit - il feul entendre le témoin en fecret ? Et ce témoin récollé peut - il fe dédire ?

Toutes ces procédures fecrettes reffemblent peut-être trop à la mèche qui brûle imperceptiblement pour mettre le feu à la bombe.

Eft- ce à la juftice à être fecrette ? Il n'appartient qu'au crime de fe cacher.

C'eft la jurifprudence de l'inquifition. C'eft celle par laquelle on fit périr tant de vertueux mais trop riches chevaliers du Temple,

dont on voulait le fuplice & la dépouille ;
première éruption infernale qui annonça de
loin le volcan de la St. Barthelemi. On punit
en France le témoin qui fe dédit après le
récollement , c'eft - à - dire après fon fecond
interrogatoire fecret. Puniffez-le s'il s'eft laiffé
corrompre , mais non pas fur la feule fup-
pofition qu'il a pu être corrompu.

ARTICLE XXIII.

Doit-on permettre un confeil, un avocat à l'accufé?

Longer un homme dans un cachot , l'y
laiffer feul en proye à fon effroi & à fon
défefpoir, l'interroger feul quand fa mémoire
doit être égarée par les angoilles de la crainte
& du trouble entier de la machine ; n'eft-
ce pas attirer un voyageur dans une caverne
de voleurs pour l'y affaffiner ? C'eft furtout la méthode de l'inquifition. Ce mot feul
imprime l'horreur.

En Angleterre , ifle fameufe par tant d'atro-
cités & par tant de bonnes loix, les jurés

G 3

étaient eux - mêmes les avocats de l'accufé.
Depuis le tems d'Edouard VI , ils aidaient
fa faibleffe , ils lui fuggéraient toutes les
manières de fe défendre. Mais fous le règne
de Charles fecond on accorda le miniftère de
deux avocats à tout accufé , parce qu'on
confidéra que les jurés ne font juges que
du fait , & que les avocats connaiffent mieux
les pièges & les évafions de la jurifprudence.
En France le code criminel paraît dirigé
pour la perte des citoyens ; en Angleterre
pour leur fauvegarde.

Et nonfeulement le citoyen , mais l'étranger y trouve fa fûreté dans la loi même ,
puifqu'il choifit fix étrangers pour remplir
le nombre de douze jurés qui le jugent. C'eft
un privilège en faveur de l'univers entier.

ARTI.

ARTICLE XXIV.

De la Torture.

Uifqu'il eſt encore des peuples chrétiens, que dis-je! des prêtres chrétiens, des moines chrétiens, qui employent les tortures pour leur principal argument, il faut commencer par leur dire que les Caligula, les Nérons n'oſerent jamais exercer cette fureur ſur un ſeul citoyen Romain.

Elle eſt ſolemnellement prohibée avec exécration dans le vaſte empire de la Ruſſie. Elle eſt abolie dans tous les états du héros du ſiecle, le roi de Pruſſe; le juſte & bienfeſant landgrave de Heſſe l'a proſcrite; elle eſt abhorrée dans l'Angleterre & dans d'autres gouvernements. Que reſte-t-il donc à faire aux provinces de l'Europe qui n'ont pas encore adopté cette légiſlation?

La Caroline cette loi fameuſe de Charles-Quint, ne parle que de torture. C'était la première procédure dans tout procès criminel, tandis qu'en France des commiſſaires nommés par François Ier. le père des lettres

G 4

appliquaient à la torture le comte Montecu-
culli sujet de l'empereur Charles Quint, ridi-
culement accusé d'avoir empoisonné le jeune
Dauphin, & qu'ensuite on tirait à quatre chevaux ce gentilhomme innocent.

On ne rencontre dans les livres qui tien-
nent lieu de code en France, que ces mots
affreux, question préparatoire, question pro-
visoire, question ordinaire, question extraordinaire, question avec réserve de preuves,
question sans réserve de preuves, question
en présence de deux conseillers, question
en présence d'un médecin, d'un chirurgien;
question qu'on donne aux femmes & aux
filles pourvu qu'elles ne soient pas enceintes.
Il semble que tous ces livres aient été com-
posés par le bourreau.

On est bien surpris de trouver dans ce
code d'horreurs une lettre du chancelier
d'Aguesseau du 4 Janvier 1734, dans laquelle
sont ces propres termes : *Ou la preuve du*
crime est complette, ou elle ne l'est pas. Au
premier cas, il n'est pas douteux qu'on doive
prononcer la peine portée par les ordonnances;
mais dans le dernier cas, il est aussi certain

qu'on ne peut ordonner que la question, ou un plus amplement informé. (*)

Quel est donc l'empire du préjugé illustre chef de la magistrature ! Quoi ! vous n'avez point de preuves, & vous punissez pendant deux heures un malheureux par mille morts, pour vous mettre en droit de lui en donner une d'un moment ! Vous savez assez que c'est un secret sûr pour faire dire tout ce qu'on voudra à un innocent qui aura des muscles délicats, & pour sauver un coupable robuste. On l'a tant dit ! il en est tant d'exemples ! Est-il possible qu'il vous soit égal d'ordonner ou des tourments affreux, ou un plus amplement informé. Quelle épouvantable & ridicule alternative !

J'oserais croire qu'il n'a été qu'un seul cas où la torture parut nécessaire ; & c'est l'assassinat de Henri IV, l'ami de notre république, l'ami de l'europe, celui du genre humain. Le crime de sa mort perdait la France, exposait nos provinces, troublait vingt états.

_____

(*) Cette lettre est rapportée dans l'instruction criminelle, pag. 701.

L'intérêt de la ꞓ꞊re était de connaître
les complices de Raꞓꞔillac. Mais le fuplice
d'être tiré à quatre chevaux après avoir reçu
du plomb fondu dans fes membres fanglants
tenaillés avec des tenailles ardentes, était
affez long pour lui donner le tems de révé-
ler fes affociés, s'il en avait eu. Il eft probable
qu'il n'avait d'autres complices que l'efprit
de la ligue & de Rome ; je veux dire de la
Rome de fon tems ; car affurément celle
d'aujourd'hui ne tremperait pas dans de
telles abominations.

Voyez, Meffieurs, fi excepté le crime
de Ravaillac commis contre l'europe, la
queftion dans toute autre circonftance n'eft
pas plus affreufe qu'utile. Souvenons-nous
toujours comment ce fuplice fit périr prefque dans la même année l'innocent d'Anglade, & l'innocent Lebrun (*), leur hiftoire déja citée eft affez connue par tous ceux
qui ont entendu parler des méprifes de la
juftice. Ces deux martirs de la forme des

_____

(*) On peut voir l'hiftoire de leur innocence,
& de leur mort dans les caufes célèbres.

loix chez nos voifins , font voir affez que
la queftion ne fert pas à découvrir la vérité ,
mais fert à caufer inutilement la mort la
plus longue & la plus douloureufe. L'injuftice du fuplice de ce d'Anglade & de ce
Lebrun , ne fut reconnue qu'après leur mort ;
leurs juges pleurèrent , mais leur répentir
n'abolit point la loi. Je ne conçois pas comment les infortunés juges qui les condamnèrent purent être encor affez hardis pour
ordonner la queftion dans d'autres procès
criminels , & comment Louis XIV le fouffrit.
Mais un roi a-t il le tems de fonger à ces
menus détails d'horreurs au milieu de fes fêtes ,
de fes conquêtes & de fes maîtreffes ? Daignez vous en occuper, ô Louis XVI! vous
qui n'avez aucune de ces diftractions!

ART I-

ARTICLE XXV.

Des Prisons , & de la saisie des Prisonniers.

LEs prisons à Madrid construites dans la grande place, sont décorées d'une façade de belle architecture. Il ne faut pas qu'une prison ressemble à un palais. Il ne faut pas non plus qu'elle ressemble à un charnier. On se plaint que la plûpart des géoles en europe soient des cloaques d'infection, qui répandent les maladies & la mort, non seulement dans leur enceinte , mais dans le voisinage. Le jour y manque , l'air n'y circule point. Les détenus ne s'entrecommuniquent que des exhalaisons empestées. Ils éprouvent un supplice cruel avant d'être jugés. La charité , & la bonne police devraient remédier à cette négligence inhumaine & dangereuse.

L'emprisonnement est déja une peine par lui-même ; il doit donc être proportionné à l'énormité du délit dont le détenu est accusé. Faut il plonger dans le fond du même cachot un malheureux débiteur insolvable ,

& un fcélérat violemment foupçonné d'un parricide ? Il y a des degrés à tout, des diftinctions à faire dans chaque genre.

Nous voyons que le fage Louis XVI, réforme en partie cet abus dans un édit qui fuprime des centaines de petits perfécuteurs fubalternes qui plongeaient dans des cachots peftiferés les familles indigentes condamnées par eux à des amendes.

L'incarcération légale, quoique pénible, n'eft point regardée d'abord par les juges comme un châtiment. Ce n'eft à leurs yeux qu'une affurance de retrouver fous leur main le prévenu, quand ils viendront l'interroger, & le juger. Cependant en Angleterre un miniftre d'état qui fait incarcérer fans raifon un homme, feulement pour le retrouver au befoin, & fous prétexte que prifon n'eft pas fuplice, eft obligé par la loi de payer quatre guinées pour la premiere heure, & deux guinées pour chaque heure fuivante de la détention de cet homme qu'il a voulu avoir fous fa main. La prifon eft un fuplice pour peu qu'elle dure. C'eft un fuplice intolérable quand on y eft condamné pour fa vie.

Dans plufieurs états, la maniere dont on s'y prend pour s'affurer d'un homme reffemble trop à une attaque de brigands.

N'aprouvez - vous pas l'heureufe méthode d'une nation, qui a fu donner à la loi feule un fi puiffant empire , qu'il fuffit d'un feul miniftre de la loi revêtu des marques de fon office pour que le prévenu n'ofe réfifter ?

Comment eft-on parvenu à rendre ainfi les loix fi refpectables à chaque citoyen? C'eft lorfque la nation les a faites.

A R T I C L E   XXVI.

Des Suplices recherchés.

COmment le bénédictin Calmet s'eft-il pu divertir à faire graver dans un dictionnaire des eftampes de tous les tourments qui étaient en ufage chez la petite nation judaïque ? Etre précipité du haut d'un rocher fur des cailloux , ou bien être lapidé avec ces cailloux dont le pays eft couvert , & de là être pendu à une potence

pour y attendre la mort ; être enterré vivant
dans un monceau de cendres, mourir écrasé
sous des traineaux de fer, sous des épines,
sous des roues, sous les pieds des chevaux
ou des éléphants, (quand par hazard ce peuple pouvait en avoir ce qui était bien rare.)
Ecorcher de la tête aux pieds, arracher les
côtes & les entrailles avec des ongles de
fer, brûler avec des torches ardentes ou
dans des buchers, scier un homme en deux !
Quel honteux amusement les lecteurs trou-
vent-ils dans ces ouvrages !

On prétend que le suplice de la roue fut
inventé en Allemagne, & ne fut employé
en France que sous François 1er. contre les
voleurs publics.

En Angleterre pour crime de haute trahi-
son la loi ordonne encore aujourd'hui que
le coupable soit traîné tête nue sur le pavé
jusqu'à la potence, que là étant suspendu
vivant, on lui arrache les entrailles & le
cœur, qu'on en batte les joues du coupable,
& que le boureau en montrant ce cœur
sanglant dise à haute voix, voilà le cœur du
traître. Mais cette exécrable exécution est
épargnée. Le coupable n'est plus traîné sur

le pavé, on ne lui arrache plus le cœur tandis qu'il eſt en vie. Aucun ſuplice n'eſt permis au-delà de la ſimple mort. Il a fallu du
tems, pour que cette nation ſut joindre la
pitié à la juſtice. Elle y eſt enfin parvenue.

ARTICLE XXVII.

De la Confiſcation.

APrès avoir fait mourir un coupable, il
ne reſte plus qu'à prendre ſes dépouilles.

Je crois ne pouvoir mieux faire, que de
vous répéter ici ce qui eſt imprimé dans un
livre moral, fait en forme de dictionnaire.

» Le fiſc, ſoit public, ſoit royal, ſoit
» ſeigneurial, ſoit impérial, était un petit
» panier de jonc, ou d'oſier, *fiſcus*, dans
» lequel on mettait l'argent de la république
» ou du monarque, ou du ſeigneur.... C'eſt
» une maxime reçue dans la plupart des ju-
» riſdictions, *qui confiſque le corps, confiſque*
» *les biens*. Confiſquer le corps, n'eſt pas
» mettre le corps dans le petit panier de ſon
» ſouverain; c'eſt dans le langage barbare du
barreau,

» barreau, se rendre maître du corps d'un
» citoyen, soit pour lui ôter la vie, soit
» pour le condamner à des peines aussi lon-
» gues que sa vie; on s'empare de ses biens
» dès qu'on l'a fait périr, ou dès qu'il évite
» la mort par la fuite.

  » Ainsi ce n'est pas assez de faire mourir
» un homme pour ses fautes, il faut encore
» faire mourir de faim ses enfans.

  » Cette jurisprudence qui consiste à ravir
» la nourriture aux orphelins, fut inconnue
» dans tous les tems de la république Ro-
» maine. Sylla l'introduisit dans ses proscrip-
» tions. Il faut avouer qu'une rapine inven-
» tée par Sylla n'était pas un exemple à sui-
» vre. Ainsi cette loi qui semblait n'être
» dictée que par l'inhumanité & l'avarice,
» ne fut suivie ni par César, ni par le bon
» empereur Trajan, ni par les Antonins,
» dont toutes les nations prononcent encor
» le nom avec respect & avec amour. Enfin,
» sous Justinien la confiscation n'eut lieu,
» que pour le crime de lèze-majesté. Comme
» ceux qui en étaient accusés étaient pour
» la plupart de grands seigneurs très-opulens,

H

» il femble que Juftinien n'ordonna la confif-
» cation que par avarice.

» On croit que dans les tems de l'anarchie
» féodale , les princes & les feigneurs des ter-
» res étant très-peu riches , ils cherchaient à
» augmenter leur tréfor par les condamnations
» de leurs fujets , & qu'on voulut leur faire
» un revenu du crime. Les loix chez eux étant
» arbitraires , & la jurifprudence Romaine
» ignorée , les coutumes ou bizarres , ou cru-
» elles prévalurent. Mais aujourd'hui que la
» puiffance des fouverains eft fondée fur des
» richeffes immenfes & affurées , leur tréfor
» n'a pas befoin de s'enfler des faibles débris
» d'une famille malheureufe. Ils abandonnent
» pour l'ordinaire les confifcations au premier
» qui les demande. Mais eft-ce à un citoyen
» à s'engraiffer des reftes du fang d'un autre
» citoyen ?

» La confifcation n'eft point admife dans les
» pays où le droit Romain eft établi , excepté
» le reffort du parlement de Touloufe.

» Elle ne l'eft point dans quelque pays cou-
» tumiers, comme le Bourbonnais, le Berri,
» le Maine , le Poitou , la Bretagne , où elle
» refpecte au moins les immeubles. Elle était

» établie autrefois à Calais , & les Anglais l'a-
» bolirent lorfqu'ils en furent les maîtres. Il
» eft affez étrange que les habitans de la capi-
» tale vivent fous une loi plus rigoureufe que
» ceux de ces petites villes : tant il eft vrai
» que la jurifprudence a été fouvent formée au
» hazard , fans régularité , fans uniformité,
» comme on bâtit des chaumieres dans un vil-
» lage.

» Voici comment l'avocat - général Omer
» Talon parla en plein parlement dans le plus
» beau fiècle de la France , en 1663 , au fujet
» des biens d'une demoifelle de Canillac qui
» avaient été confifqués. Lecteurs faites atten-
» tion à ce difcours , il n'eft pas dans le ftyle
» des oraifons de Ciceron ; mais il eft curieux.

EXTRAIT du plaidoyer de l'Avocat - Général
Omer Talon fur des biens confifqués.

*Au chapitre 13 du Deuteronome , Dieu dit ;
fi tu te rencontres dans une ville , & dans un
lieu où règne l'idolatrie , mets tout au fil de l'é-
pée fans exception d'âge , de fexe , ni de condi-
tion. Raffemble dans les places publiq ies toutes
les dépouilles de la ville , brûle là toute entièrs*

avec *fes dépouilles*, & *qu'il ne refle qu'un mon-*
ceau de cendre de ce lieu d'abomination. En un
mot, *fais-en un facrifice au Seigneur*, & *qu'il*
ne demeure rien en tes mains des biens de cet
anathème.

   Ainfi dans le crime de leze–majefté, *le roi*
était maître des biens, & *les enfants en étaient*
privés. Le procès ayant été fait à Naboth, *quia*
malè dixerat regi, *le roi Achab fe mit en pof-*
feffion de fon héritage. David étant averti que
Miphibozeth s'était engagé dans la rébellion,
donna tous fes biens à Siba, *qui lui en apporta*
la nouvelle. Tua fint omnia quæ fuerunt Miphibozeth.

   » Il s'agit de favoir qui héritera des biens
» de mademoifelle de Canillac; biens autrefois
» confifqués fur fon père, abandonnés par le
» roi à un garde du tréfor royal, & donnés
» enfuite par le garde du tréfor royal à la tef-
» tatrice. Et c'eft fur ce procès d'une fille d'Au-
» vergne, qu'un avocat-général s'en rapporte
» à un Achab, roitelet d'une partie de la Pa-
» leftine, qui confifqua la vigne de Naboth
» après avoir affaffiné le propriétaire par le
» poignard de la juftice juive ; action abomi-
» nable, qui paffa en proverbe chez les Juifs

» mêmes, pour inspirer aux hommes l'hor-
» reur de l'usurpation. Assurément la vigne de
» Naboth n'avait aucun rapport avec l'héritage
» de mademoiselle de Cauillac. Le meurtre
» & la confiscation des biens de Miphibozet,
» petit-fils du roitelet Saül, & fils de Jonatas,
» ami & protecteur de David, n'ont pas une
» plus grande affinité avec le testament de cet-
» te demoiselle.

» C'est avec cette pédanterie, avec cette
» démence prodigue de citations étrangères au
» sujet, avec cette ignorance des premiers
» droits de la nature humaine, avec ces préju-
» gés si mal conçus, si mal appliqués & si mal
» énoncés, que la jurisprudence a été traitée
» par des hommes qui ont eu de la réputation
» dans leur sphère. «

ARTICLE XXVIII.

Des Loix de Louis XVI fur la défertion.
Et conclufion de l'ouvrage.

J'Ai parcouru avec vous, Meffieurs, une trifte carrière, elle n'eft femée que de crimes & de châtiments ; vous changerez ce fpectacle d'horreur en objet de complaifance, fi vous infpirez aux gouvernements de l'europe les moyens de changer des fcélerats même en ferviteurs de la patrie, & de les punir exemplairement fans répandre un fang néceffaire à l'Etat.

Le roi de France en a déja donné un grand exemple à fon avénement à la couronne, non fur des fcélerats, mais fur des hommes que l'inconftance, la légéreté, ou la débauche, ou la fuggeftion avait rendu criminels ; en un mot fur les déferteurs. Il eut pitié d'eux & de la France, qui perdait en eux des défenfeurs. Il leur remit la peine de mort, & leur donna des facilités de réparer leur faute, en leur accordant quelques jours pour revenir au drapeau. Et lorfqu'on les punit, c'eft par une peine qui des enchaîne au fervice de la patrie qu'ils ont abandonnée. Ils font forçats pendant plufieurs années. On doit cette jurifprudence militaire, à un miniftre militaire, auffi éclairé que brave. Un autre miniftre de même caractère avait auparavant tenté de prévenir toute défertion, en rendant la profeffion de foldat plus honorable, en leur accordant des diftinctions qui devaient leur faire aimer le fervice, & leur faire regarder la défertion comme une lâcheté indigne d'eux.

J'ofe vous inviter, Meffieurs, à chercher pour les citoyens ce que Louis XVI a trouvé pour les foldats. Je vous demande fi on ne pourait pas diminuer le nombre des délits, en rendant les châtiments plus honteux & moins cruels. Ne remarquez-vous pas que les pays où la routine de la loi étale les affreux fpectacles, font ceux où les crimes font le plus multipliés ? N'êtes-vous pas perfuadés que l'amour de l'honneur & la crainte de la honte font de meilleurs moraliftes que les boureaux ? Les pays où l'on donne des prix à la vertu, ne font-ils pas mieux policés que ceux où l'on ne cherche que des prétextes de répandre le fang, & d'hériter des coupables ?

Pefez ces maximes, rectifiez-les, non pour un feul coin du monde, & je ne dirai pas pour le bonheur de la terre ; mais pour l'adouciffe-ment des fléaux dont elle a été tourmentée.

Voyez prefque tous les fouverains de l'euro-pe rendre hommage aujourd'hui à une philofo-phie qu'on ne croyait pas il a cinquante ans pouvoir approcher d'eux. Il n'y a pas une pro-vince où il ne fe trouve quelque fage qui tra-vaille à rendre les hommes moins méchans & moins malheureux. Partout de nouveaux éta-bliffemens pour encourager le travail & par conféquent la vertu ; partout la raifon fait des progrès qui effraient même le fanatifme. La difcorde n'eft plus que dans l'Amérique boréale. Les fouverains ne difputent qu'à qui fera le plus de bien. Profitez de ces moments, peut-être ils feront courts.

F I N.

Commentaire
fur l'efprit
des Loix.

www.ingramcontent.com/pod-product-compliance
Lightning Source LLC
Chambersburg PA
CBHW060825250626
47162CB00005B/1954